Franz Josef Radermacher, Josef Riegler, Hubert Weiger

Ökosoziale Marktwirtschaft

Historie, Programm und Perspektive eines
zukunftsfähigen globalen Wirtschaftssystems

Mit einem Vorwort von Klaus Töpfer

Inhaltsverzeichnis

Vorwort

Mit dem Zusammenbruch der Sowjetunion ist vor 20 Jahren die **ideologisch-gesellschaftliche Bipolarität** dieser Welt überwunden worden. Die offene, demokratische und freiheitliche Gesellschaft, verbunden mit einer sozialen Marktwirtschaft, hat sich als überzeugenderes Angebot an die Menschen erwiesen als eine kommunistische, unter dem Diktat einer Partei stehende Gesellschaftsordnung, die auf eine zentralistische Ex-Ante-Planung der wirtschaftlichen Entscheidungsprozesse aufgebaut war. Diese Überwindung einer ideologischen Bipolarität wurde nirgends sichtbarer und begreifbarer als in Deutschland. Der Fall der Mauer, die Überwindung des Stacheldrahts und des Todesstreifens sind und bleiben die Belege für diese historische Umwälzung.

Das Ende der ideologischen Bipolarität eröffnete den Weg zu einer **umfassenden Globalisierung**. Dieser Prozess war mit einer großen Welle euphorischer Begeisterung und Zukunftshoffnungen verbunden. Die veränderte Atmosphäre des Aufbruchs war kennzeichnend für die im Jahre 1992 stattfindende United Nations Conference on Environment and Development – den **»Erdgipfel« in Rio de Janeiro**. Diese UN-Konferenz war lange vor der Überwindung der Bipolarität entschieden und vorbereitet worden. Sie war konzipiert als Nachfolgekonferenz der United Nations Conference on the Human Environment, die 1972 in Stockholm erstmals das Augenmerk auf die Konsequenzen menschlichen Konsumierens und Produzierens, auf die Umwelt und auf die Schöpfung gelenkt hatte. Ziel war es, eine Antwort zu finden auf die Besorgnisse der von Armut, Hunger und Unterentwicklung betroffenen Länder, die in der Konzentration auf Umweltprobleme bisheriger wirtschaftlicher Entwicklungsprozesse so etwas wie eine Blockade für eigene, dringlich notwendige Entwicklungen sahen. Umwelt

und Entwicklung – dies möglich zu machen wurde als Grundvoraussetzung für eine global abgestimmte wirtschaftliche und gesellschaftliche Stabilitätspolitik verstanden. Eine überzeugende konzeptionelle, in der Zivilgesellschaft und in der Wissenschaft erarbeitete Grundlage fand diese Konferenz in der Arbeit der **Brundtland-Kommission**. Das Konzept der »**nachhaltigen Entwicklung**« ist in dem Abschlussbericht »Our Common Future« als zentrales Kriterium für Zukunftsgestaltung verankert worden. Die Verbindung von ökonomischer Stabilität, sozialer Sicherheit und ökologischer Vorsorge ist in der globalen Gesellschaft der Staaten und Menschen fest verwurzelt worden. Der Nachweis der Nachhaltigkeit wurde quer durch gesellschaftliches Handeln hindurch zum Lakmustest für **Verantwortung und Zukunftsfähigkeit**.

Die Euphorie bei der Vorbereitung der Rio-Konferenz und während der Konferenz selbst war geradezu überschäumend. Sie war getragen von der Überzeugung, dass nunmehr die riesigen Ressourcen, die bisher für die »Balance des Schreckens« zwischen den beiden großen Blöcken in militärische Aufrüstung und kostspielige Prestigeobjekte investiert wurden, als »**Friedensdividende**« für die Überwindung der großen Entwicklungsunterschiede in der Welt genutzt werden könnten. Es wurde fast als selbstverständlich angesehen, dass eine neue Zweiteilung dieser Welt vermieden werden muss und auch vermieden werden kann – eine Zweiteilung, die zwischen Nord und Süd, zwischen Arm und Reich durch einen tiefen Graben gekennzeichnet wäre. Kein neuer kalter Krieg zwischen Arm und Reich, **keine ökologische Apartheid**, kein Ausschluss einzelner Länder und Regionen aus dem wirtschaftlichen und gesellschaftlichen Entwicklungsprozess.

Die Konferenz in Rio wurde aus dieser Euphorie heraus ein Erfolg. Allerdings: Es war vor allem ein Erfolg der richtigen Forderungen und der verbalen Bekräftigungen. Weniger dagegen war es ein Erfolg konkreter, einklagbarer Handlungsprogramme. Eine vornehmlich dem Markt überlassene Globalisierung wurde nicht sozial so abgesichert, dass die ökonomischen Erfolge die bestehenden Wohlstandsgräben in Gesellschaften und zwischen den Gesellschaften, vornehmlich zwischen Nord und Süd, nicht noch weiter vertiefen konnten. Es wurden nicht hinreichend verlässliche Leitplanken errichtet, die sicherstellen konnten, dass globale wirtschaftliche Wachstumsprozesse nicht die Kosten auf die Umwelt, auf kommende Generationen oder auf Menschen in anderen Ge-

genden dieser Welt abwälzen können. Es wurde somit nicht erreicht, dass die Ursachen für einen neuen kalten Krieg präventiv identifiziert, dass soziale und ökologische Frühwarnsysteme eingerichtet und präventive »Abrüstungskonzepte« gegen ökologische Aggressionen und Ausbeutungen beschlossen wurden.

Über Rio hinaus musste daher engagiert und wissenschaftlich sowie strategisch abgesichert daran gearbeitet werden, die **Marktwirtschaft** auch **sozial verträglich** und **ökologisch verantwortbar** zu gestalten. Mit besonderer Konsequenz hat sich schon frühzeitig eine Gruppe von Wissenschaftlern, Politikern und aktiven Mitgliedern der Zivilgesellschaft dieser Aufgabe gestellt. Dabei wurde systematisch aufgebaut auf dem Fundament, das mit der sozialen Marktwirtschaft im Nachkriegsdeutschland und darüber hinaus in Europa Attraktivität ausgestrahlt und soziale Stabilität ermöglicht hat. Die immer deutlicher sichtbaren Erschöpfungserscheinungen der großen Ökosysteme – der Atmosphäre, der Ozeane, der Cryosphäre, der tropischen und borealen Waldsysteme, der Artenvielfalt – zeigen in zunehmendem Maße, dass menschlicher Wohlstand durch eine Verlagerung von ökologischen Kosten im weitesten Sinne hoch subventioniert wird. In dem Maße, wie das in Rio de Janeiro beschlossene »Recht auf Entwicklung«, also die Überwindung der Armut und der Not in allen Regionen und für alle Menschen dieser Welt eingefordert wird, überschneiden sich mehr und mehr die »ökologischen Fußabdrücke«.

Über die **soziale Qualifizierung** der Marktwirtschaft hinaus wurde und wird es daher zwingend erforderlich, auch die **ökologische Qualifizierung der Marktwirtschaft** einzufordern. Klare staatliche Rahmensetzungen, feste Leitplanken für die Begrenzung der Abwälzung von Umweltkosten machen die soziale Marktwirtschaft insgesamt zukunftsfähig. Die **Ökosoziale Marktwirtschaft** wird damit zu einem systematischen Konzept für die Zukunftsfähigkeit einer Welt, in der bald neun Milliarden Menschen friedlich zusammenleben. Zu Recht hat der große Montini-Papst Paul VI in der großartigen Sozialenzyklika »Populorum Progressio« herausgearbeitet: »*Entwicklung ist der neue Begriff von Frieden.*« Wirtschaftliche Entwicklung muss aber sozial und ökologisch verantwortbar sein. Ebenso zu Recht sagte Kofi Annan: »*Wohlstand, aufgebaut auf der Zerstörung der Umwelt, ist kein wirklicher Wohlstand, bestenfalls eine kurzfristige Milderung der Tragödie. Es wird kaum Frieden, wohl aber noch mehr Armut geben, falls dieser Angriff auf die Natur anhält.*«

Das vorliegende Buch ist allein dadurch verdienstvoll, dass es erstmals die Entwicklungsgeschichte dieses Konzeptes aufarbeitet und darüber hinaus einen weiten Bogen gedanklicher Schärfe spannt. Vor fast 40 Jahren sind große Wissenschaftspersönlichkeiten wie der Verhaltensforscher Konrad Lorenz oder der begnadete Dokumentarfilmer Bernhard Grzimek auf diese Thematik oft intuitiv und punktuell eingegangen. Hubert Weinzierl hat immer wieder bis zum heutigen Tage diese Qualifizierung marktwirtschaftlicher Entscheidungsprozesse als Überlebensaufgabe der Menschheit gekennzeichnet und deutlich gemacht, dass über das Bruttosozialprodukt als »Wohlstandsindikator« hinaus gedacht und gehandelt werden muss.

Hubert Weiger, einer der Autoren dieses Buches und 1. Vorsitzender des BUND, hat sich frühzeitig, ergänzend und parallel zu den Arbeiten des Club of Rome mit diesen Fragen beschäftigt. Eine besondere Position in der Entwicklung der Ökosozialen Marktwirtschaft kommt sicherlich **Josef Riegler** zu, Mit-Autor dieses Buches und lange Zeit Landwirtschaftsminister und österreichischer Vizekanzler. Seine Aufgabe als Ehrenpräsident des Ökosozialen Forums Europa ist von ihm als Verbindungsglied zu den politischen Entscheidungsgremien genutzt worden.

Mit dem Konzept der Ökosozialen Marktwirtschaft ist in besonderer Weise **Franz Josef Radermacher** in seinen wissenschaftlichen und öffentlichkeitswirksamen Aktivitäten untrennbar verbunden. In der großen Tradition von **Carl-Friedrich von Weizsäcker** wurde vor allem durch ihn das Konzept der »**Weltinnenpolitik**« in der Dimension der Nachhaltigkeit konsequent weitergeführt. Er hat entscheidenden Anteil daran, dass viele Wissenschaftler und immer mehr institutionelle Netze zu der Fortentwicklung der Ökosozialen Marktwirtschaft beständig beitragen.

Es ist zu hoffen, dass dieses Buch eine große Leserschaft findet. Es ist dann erfolgreich, wenn es eine kontroverse, engagierte Diskussion in der Politik und in der Zivilgesellschaft auslöst. Die Ökosoziale Marktwirtschaft ist keineswegs ein abgeschlossenes Konzept, ein Angebot an politisches Handeln, das nur auf den politischen Willen zur Realisierung zu warten hat. Das Gegenteil ist der Fall. In einer Welt, in der sich die Machtzentren mehr und mehr vom Westen in den Osten verschieben, in einer Welt, in der technologischer Fortschritt immer komplexer und in seinen direkten und indirekten Folgen zunehmend irreversibel wird – in einer solchen Welt darf es kein abgeschlossenes Denken geben, muss man die Bereitschaft zur **systematischen Falsifizierung** als Kriterium von Wissenschaft nicht nur akzeptieren, sondern bewusst provozieren. Die Offenheit zur stets neuen kritischen Reflexion ist es, was eine Idee, was eine Konzeption als wichtig indiziert. Diese breite Diskussion auszulösen, wünsche ich diesem Buch.

im Januar 2011

Prof. Dr. Dr. h.c. mult. Klaus Töpfer

Einleitung

Die Menschheit befindet sich aktuell in einer schwierigen Situation. Wie schon seit Langem sind in diesem Kontext Themen wie weltweite Umweltverschmutzung und Verknappung kritischer Ressourcen, die Energie- und Klimathematik, die Spaltung zwischen Arm und Reich und Konflikte zwischen dem großen Kultursystem zu nennen. Massiv verschärfend kommt die jüngste Krise des **Weltfinanzsystems** und der **Weltökonomie** hinzu. Ursachen für die letztgenannten Problemfelder waren unter anderem Exzesse im Finanzsystem, die letztlich auf ein Konstrukt vom Typ »Privatisierung der Gewinne / Sozialisierung der Verluste« hinausliefen.

Zwänge, die geschickt im System angelegt waren, haben dazu geführt, dass erhebliche öffentliche Mittel hoch verschuldeter Staaten in die Stabilisierung des Weltfinanzsystems investiert werden mussten. Viele Eigentümer des Finanzsystems erwirtschaften auf dieser Basis zurzeit erneut in der Sache **unbegründete, extrem hohe Renditen**, viele Spitzenmanager im Finanzsystem ziehen daraus erneut ihre **überdimensionierten Boni**. Auch gibt es viel zu verdienen an Notverkäufen in der Folge der Krise. Da sich die Staaten das Geld, mit dem sie die Lage stabilisieren, weit überwiegend über das Bankensystem leihen (müssen), kann der Finanzsektor teilweise wieder die Bedingungen seiner eigenen Reform diktieren und profitiert in jedem Fall an diesen Verschuldungsprozessen. Die Genesis und Instrumentalisierung der »Griechenland-Krise« ist dafür ein eindrucksvolles Beispiel.

Das ist insgesamt eine höchst unbefriedigende Situation. Sie ist nur zu verstehen als das Resultat der globalen Entwicklung seit dem Fall der Mauer, die durch die Durchsetzung einer **marktfundamentalen Position** geprägt war. Der

Fall der Mauer wurde dazu umgedeutet in den Sieg eines **angeblichen freien Marktes**. Der Begriff ist bereits eine »Mogelpackung«, denn der freie Markt war nie frei, schon gar nicht in **Eigentumsfragen**. Aber seine bevorzugt sektorale Regulierung diente vor allem der Erweiterung der Möglichkeiten starker Akteure, sich im Rahmen der Globalisierung weitgehend frei von Rücksichtnahme auf andere und die Natur sowie weitgehend befreit von einer rechtlich relevanten Verantwortungszuordnung und weniger »beengt« durch Mehrheitsbildung in nationalen Demokratien entfalten zu dürfen. **Sozialer Ausgleich** und **Umweltschutz** waren **kein** primäres Anliegen. Vielmehr wurde es bestimmten Segmenten des Privatsektors ermöglicht, sich massiv zulasten der Natur, der öffentlichen Sphäre, sowie zunehmend auch zulasten kleiner und mittlerer Unternehmen und der Arbeitnehmer zu entwickeln und in der Folge zu bereichern, teils in atemberaubendem Umfang und mit atemberaubender Geschwindigkeit.

Die entsprechenden Programme kamen vor allem aus der **angelsächsischen Welt** und wurden über Begriffe und Kampagnen mit Denkmustern wie »Vorfahrt für Leistung«, »Leistung muss sich lohnen«, »Sozial ist, was Arbeit schafft« vorangebracht. Politik und Bürokratie wurden als Bremsklötze positioniert, soweit sie nicht **Deregulierung und Privatisierung** betrieben. Löhne mussten sich den Marktverhältnissen gemäß nach unten anpassen. Die MBA-Ausbildung vieler Business Schools, die Besetzung von Lehrstühlen der Wirtschaftswissenschaften und von Wirtschaftsredaktionen wichtiger Zeitungen, vielfältige Incentives und Inforcementsysteme verankerten diese Philosophie, die fast schon zur **DNA unseres ökonomischen Systems** wurde, tief »eingegraben« in Gehirnen, Regelwerken und Machtverhältnissen. Die entsprechenden Weltanschauungen bekamen **Ersatzreligionscharakter** und wurden positioniert, als hätten sie **naturwissenschaftliche Unumstößlichkeit**.

Dabei wurden wesentliche Erfahrungen der ökonomischen Klassik, insbesondere der Nationalökonomie entwickelter Staaten, aus dem öffentlichen Diskurs verdrängt [105]. Wo angemessene Ordnungspolitik noch als notwendige Voraussetzung funktionierender Gemeinwesen thematisiert wurde, wurde achselzuckend akzeptiert, dass man unter Bedingungen der ökonomischen Globalisierung solche Regeln weltweit nicht würde etablieren können. Das »Spiel« in den globalen Märkten habe seine eigenen Gesetzmäßigkeiten, an die man sich (unkritisch) anpassen müsse, um den Fokus für das, was wichtig ist, nicht zu verlieren. In den Curricula der Wirtschaftswissenschaften hat sich ein **Paradigma der achselzuckenden, auf Thematisierung verzichtenden Akzeptanz unverantwortlicher Gegebenheiten** bezüglich der Ordnungsstrukturen der Weltwirtschaft durchgesetzt. Diese umfassen von Monopolstrukturen über Insiderkartellen bis hin zu Korruption, Intransparenz und Steuerparadiesen eine Vielzahl nicht akzeptabler Gegebenheiten. Letztlich haben diese in die aktuelle Krise und in die damit verbundenen enormen Verluste für viele Menschen geführt.

Heute, nach dem Desaster, ist nun der Zeitpunkt zum Innehalten und Nachdenken. Organisationen der Zivilgesellschaft wie der Club of Rome, der BUND, das Ökosoziale Forum Europa, Transparency International oder die Global Marshall Plan Initiative haben seit Jahren dagegen gehalten, haben seit Jahren gewarnt, haben seit Jahren ein alternatives Paradigma vertreten, das Paradigma einer **ökologisch-sozial regulierten weltweiten Marktwirtschaft**, kurz **Ökosoziale Marktwirtschaft**, als Kern einer funktionierenden Global Governance [14, 16, 33, 37, 47, 50, 53, 54, 55, 56, 64, 65, 66, 67, 74, 80, 97, 99, 108, 110, 112, 115, 116, 117, 119, 120, 169].

Der folgende Text, dessen Autoren über viele Jahre in Zusammenarbeit mit anderen zur Entwicklung und Platzierung des ökosozialen Modells beigetragen haben, gibt Hinweise zur Ideenwelt dieses Paradigmas und insbesondere, als Besonderheit dieses Textes, zu seiner **Historie über die letzten 35 Jahre: Zukunft braucht Herkunft**. Der Text stellt zudem eine Liste wesentlicher Unterscheidungsmerkmale zum Marktfundamentalismus vor (Kapitel 5) und beschreibt in Kapitel 14 einige mittlerweile herausgearbeiteten **Alleinstellungsmerkmale** des Konzepts (Fundamentalidentität, Wachstumskorridore, Quantifizierung des Nachhaltigkeitskonzepts über Restriktionssysteme etc.), die eine gute Basis dafür bieten, nun die nächsten Schritte anzugehen. Auf **prominente Unterstützung** wie auf Parallelen zu **aktuellen weltpolitischen Entwicklungen**, von **G-20 Treffen bis zu den Klimaverhandlungen**, wird ebenso eingegangen wie auf die Perspektive für eine vernünftige Zukunft.

Konsequenterweise gilt es jetzt, in eine ökosoziale Richtung zu operieren: Bezüglich der Klimathematik und eines konsequenten weltweiten Klimaschutzes, bezüglich eines weltweiten sozialen Ausgleichs und der Förderung aller humanen Potenziale, bezüglich Kreativität und Innovation in Märkten, aber genauso bezüglich der »**Einhegung**« der Märkte und vor allem des Finanzsegments mit dem Ziel einer nachhaltigen Entwicklung (vgl. hierzu ergänzend auch [104, 105, 106, 116] und den aktuellen Text zur Adressierung der Weltklimafrage [103]). Das übergreifende Motto in einer mittelfristigen Perspektive lautet: **go ecosocial – ökosozial statt marktradikal.**

1   Hinweise zu Markt und Ökonomie

Seit vielen hundert Jahren arbeiten die Menschen an einem immer besseren Verständnis von Ökonomie und Markt als wesentliche Bereiche des menschlichen
Lebens. Von den Klassikern wie **Adam Smith** bis zu den deutschen Nationalökonomen beziehungsweise Liberalen wie **Wilhelm Röpke** (1899–1966), **Walter
Eucken** (1891–1950), dem Nestor der Freiburger Schule des **Ordo-Liberalismus**,
zu **Ludwig Erhard** (1897–1977), dem Vater des deutschen Wirtschafts-
wunders, zu dem Nationalökonomen und Kultursoziologen Alfred Müller-Ar-
mack (1901–1978) sowie zu dem Soziologen und Ökonomen **Alexander Rüstow**
(1885–1963), gibt es dabei eine klare Positionierung. Märkte bestehen einerseits
aus Regelwerken und anderseits aus dem Wettbewerb der Akteure unter diesen
Regeln. Und in der Wechselwirkung beider Bereiche entfaltet sich das konkrete
Geschehen in der Wirtschaft, vergleichbar dem Geschehen im Sport. Es gibt die
Regeln der jeweiligen Sportart, es gibt den Wettbewerb unter Sportlern. Ganz offensichtlich dient der Wettbewerb der Steigerung der Effizienz. So werden groß-
artige Leistungen hervorgebracht, in **allen Sportarten**. Aber es sind die Regeln
und nicht der Wettbewerb, die bestimmen, welcher Sport jeweils herauskommt.
Die Regeln machen den Unterschied aus zwischen Tennis und Thai-Boxen, Fuß-
ball und Football, nicht der Wettbewerb.

So ist es auch mit dem ökonomischen System. In einer anderen Terminolo-
gie sind es die Regelwerke, etwa zum Schutz der Umwelt, zum sozialen Ausgleich,
zur Sicherung des Wettbewerbs und zur Förderung der Innovationen, die für die
Effektivität der ökonomischen Prozesse sorgen, dafür, dass Ziele erreicht werden, die aus Sicht der meisten Menschen Sinn machen. Sie sorgen dafür, dass wir
das Richtige tun. Hier ist der Ansatzpunkt für **weltethische Anliegen**. Und in der

Regelsetzung entfaltet im besten Fall die Demokarte ihre Kraft. Demgegenüber ist es der Wettbewerb, der für **Effizienz** sorgt und sicherstellt, dass man die Dinge richtig tut [100].

Was es bedeutet, dass Regelwerke aus der Sicht der meisten Menschen Sinn machen, ist ein kompliziertes Thema. Pragmatisch löst sich das üblicherweise in **entwickelten Demokratien** über den politischen Prozess. Dieser differenziert zwischen prinzipieller Regelung von Verfassungscharakter und dem jeweiligen Mehrheitswillen in pragmatischen Prozessen. Regelveränderung mit Blick auf grundsätzliche Fragen erfordert verfassungsändernde Mehrheiten, die pragmatischen Fragen verlangen normale Mehrheiten. Aber Demokratie fördert nicht immer das allgemeine Wohl. Der Schutz der Rechte von Minderheiten vor dem Zugriff der Mehrheit ist ein ständiges Thema. Und wenn Fragen der Religion, der Ethik, der Sprache, der Hautfarbe et cetera alle anderen Fragen überlagern, und wenn ein empfundenes historisches Unrecht verkraftet werden muss oder sogar dauernd neues Unrecht wahrgenommen wird, wird es extrem eng.

Wie hat sich der Blick auf das Ökonomische und wie hat sich die ökonomische Realität in den letzten Jahrzehnten verändert? Die über die Medien vermittelte Sicht auf die Gesamtthematik des Ökonomischen änderte sich schlagartig mit dem **Fall der Mauer** und der resultierenden weiteren **Beschleunigung der Globalisierung**.

Bis zu diesem Zeitpunkt musste der »Kapitalismus« als bessere Alternative zu Planwirtschaft und Kommunismus positioniert werden – das Soziale in der sozialen Marktwirtschaft hatte eine wichtige Rolle. Mit dem Verschwinden des Gegenübers entfiel diese Notwendigkeit. Jetzt war die Zeit gekommen, um zu »ernten«. Der Fall der Mauer wurde zu diesem Zweck umgedeutet in den **Sieg eines freien Marktes**, also in den Sieg der Kombination von Freiheit und Markt. Dafür war der Zeitpunkt ausgesprochen günstig.

Wie schon angedeutet, war das eine massive Verschiebung der Realität [66], denn es war eher die soziale Marktwirtschaft, die gesiegt hatte, als der Kapitalismus. An der Thematisierung der Rolle der sozialen Marktwirtschaft bestand aber offenbar wenig Interesse bei den »Taktgebern« und Meinungsmachern. Die Umdeutung der Überwindung des Kommunismus in einen Sieg der Freiheit, und das ohne Reflexion des Freiheitsbegriffs (es gibt ja auch die Freiheit des Sklavenhalters zum Halten von Sklaven [89]), erlaubte eine **rigorose Stärkung des privaten Sektors**, vor allem des **Finanzsektors**. Einerseits in der öffentlichen Meinung, dann über die Nutzung der Mechanismen der Globalisierung (unter anderem dauernde Steuersenkung für die international operierenden Unternehmen), dann auch im praktischen Leben als Folge wirtschaftlicher Zwänge, zum Beispiel durch Drohung mit der Verlagerung von Betrieben, konnten Programme umgesetzt werden, die in sozialen Demokratien [52, 53, 54, 55] eigentlich nicht mehrheitsfähig sind (»**Entleerung der Demokratie via Globalisierung**«).

Dies hatte, zugegebenermaßen, in der Perspektive von Weltentwicklung auch Vorteile und positive Wirkungen. Es gelang so, unter anderem **China, Russland, Indien und Brasilien** in einen Globalisierungsprozess forcierten Typs im Rahmen offener Märkte einzubinden, was wiederum durch technische Entwicklungen, im Besonderen im Bereich der Informations- und Kommunikationstechnik, massiv gefördert bzw. überhaupt erst ermöglicht wurde [31, 32].

Die Einbindung dieser neuen Partner wurde über Marktmechanismen beflügelt. Partizipation an **Wachstumsraten von zehn Prozent** in Umfeldern mit geringer Besteuerung, niedrigen Sozialabgaben und schwachen Gewerkschaften (die so schwach nur in einem Umfeld relativer Armut denkbar sind) sind für das Anlagemöglichkeiten suchende Kapital allemal attraktiver als zwei Prozent Wachstum in ausgebauten sozialen Demokratien mit funktionieren Gewerkschaften. So konnte, wegen der »Rendite-Gier des Kapitalismus«, die Entwicklung in China und Indien teilweise zulasten der einfachen Arbeitnehmer in Industriestaaten erfolgen. Man hätte das Gleiche vielleicht auch mithilfe eines gemeinsamen Marktes mit Transferzahlungen à la EU [28, 97] ohne entsprechende Nachteile für die genannten Arbeitnehmer bei uns, also mit einem **ökosozialen Programm**, erreichen können. Aber vieles spricht dafür, dass dies politisch nicht funktioniert hätte. Wenn das richtig ist, dann hätte das kapitalistische System aus »Gier« heraus Aufholprozesse befördert, die weltethisch ihr Gutes haben, aber um einen horrenden sozialen und ökologischen Preis – und um den Preis der jüngsten Weltfinanz- und Weltwirtschaftskrise. Wahrscheinlich wird die beschriebene Art des Aufbaus in China und Indien wohlstandstechnisch auch noch unangenehm auf den Westen zurückschlagen – ein weiterer Preis für eine unkontrollierte Rendite-Gier.

Dennoch: Die sehr starke Betonung von Freiheit und der Freiheit der Märkte und die Organisation internationaler Wertschöpfungspotenziale in vielen Produktbereichen hatten in der Summe einen **langen weltweiten Boom** in der Wirtschaft zur Folge (im Schnitt vier Prozent Wachstum der Weltwirtschaft über 20 Jahre). In diesem Prozess wurden, wie dargestellt, substanzielle Erfolge erzielt, vor allem für bestimmte Menschengruppen der sich entwickelnden Länder. Und es ergeben und ergaben sich auch ganz neue Chancen für beispielsweise dynamische, gut ausgebildete junge Leute bei uns, etwa im Kontext von IT-Diensten und Globalisierung. Es gab auch Verlierer dieser Globalisierungsprozesse. Sie konnten sich politisch weniger Gehör verschaffen, als dies früher der Fall gewesen wäre [42, 108].

In der Summe handelt es sich in vielem um einen positiven Prozess mit großer Innovationsgewalt, bei dem allerdings die negativen Seiten, zum Beispiel in der **aktuellen Finanzkrise** beziehungsweise in der **Klimafrage**, gut studiert werden können.

Ein Teil der geistigen Prozesse, die das alles ermöglicht hatten, basierte auf der systemischen Umdeutung der frühen Beiträge klassischer Theoretiker der Ökonomie wie **Adam Smith** und **David Ricardo**. In der Umdeutung sind Denkfehler angelegt, zum Teil auch intendiert [68], beispielsweise die Ausblendung der moralphilosophischen Seite bei Adam Smith oder der ganz anderen Verhältnisse zu der Zeit, als David Ricardo seine Theorien formulierte (vgl. auch [56]). Ferner wird gerne die Tatsache ignoriert, dass David Ricardo nie behauptet hat, dass alle Individuen von freien Handelsprozessen notwendigerweise profitieren, allenfalls profitieren Volkswirtschaften als Ganzes (vgl. als aktuellen Kommentar Pascal Lamy »The economics and politics of trade are inextricably linked« – http://www.wto.org/english/news_e/sppl_e/sppl 107_e.htm sowie [69]). Heute steht die Welt nun, nach der Krise, vor der Notwendigkeit einer Re-Orientierung [63, 64], die insbesondere eine Rückbesinnung auf **ordnungspolitische Erfordernisse** mit der Notwendigkeit verbindet, diese nun global zu implementieren. Angesichts der entgegenwirkenden **spieltheoretischen Zwänge** in Wettbewerbsprozessen unter globalen Rahmenbedingungen, die nicht mit Nachhaltigkeit kompatibel sind (Prisoner's Dilemma Situation), ist viel **systemische Intelligenz** vom Typ Doppelstrategie, Konditionalität, öffentliche Positionsbeziehungen unter thematischen Voraussetzungen, Einbindung von Branchen und Branchenverpflichtungen und so weiter erforderlich [9, 23, 33, 48, 84, 108, 137]. Die Beschreibung eines entsprechenden Programms ist Gegenstand der weiteren Ausführungen.

2. Soziale Marktwirtschaft – Die Wurzel des ökosozialen Marktparadigmas

Ausgangspunkt des ökosozialen Modells ist die »Erfindung« der **Sozialen Markt-wirtschaft** nach dem Zweiten Weltkrieg, aufbauend auf Vorarbeiten von Röpke und Eucken. Der gerne als »Vater der Sozialen Marktwirtschaft« genannte **Ludwig Erhard** äußerte sich wie folgt:

> »*Nicht die freie Marktwirtschaft des liberalistischen Freibeutertums einer vergangenen Ära, auch nicht das ›freie Spiel der Kräfte‹ und dergleichen Phrasen, sondern die sozial verpflichtete Marktwirtschaft, die das einzelne Individuum wieder zur Geltung kommen lässt, die den Wert der Persönlichkeit obenan stellt und der Leistung dann auch den verdienten Ertrag zugute kommen lässt, das ist die Marktwirtschaft moderner Prägung.*«
> (Aus: »Der Gesellschaft verpflichtet«; Paul Bocklet u.a.; Seite 100, Deutscher Instituts-Verlag, 1994)

Der »Wesenskern« der Sozialen Marktwirtschaft liegt in der gelungenen Synthese von Kapital und Arbeit. Soziale Marktwirtschaft hat das politische Konzept des Klassenkampfes durch das Modell der Partnerschaft überwunden. In der Sozialen Marktwirtschaft geht es einerseits darum, **Leistung zu belohnen,** und andererseits darum, **solidarisch zu handeln.** Es geht sowohl um die eigene Freiheit wie auch um die Freiheit der anderen. Das Ziel von Sozialer Marktwirtschaft wurde durch Ludwig Erhard mit folgenden Worten auf den Punkt gebracht: **»Wohlstand für alle!«**

Was sind die wichtigsten Instrumente der Sozialen Marktwirtschaft?

1. **Strikter, aber fairer Wettbewerb**, zum Beispiel durch ein strenges Kartell-recht zur Vermeidung der Marktübermacht durch Monopole, Oligopole und Kartelle.
2. Gesetzlicher Ordnungsrahmen zum **Schutz der Schwächeren** und zur Sicherstellung einer hohen Lebensqualität für alle (Sozialrecht, Arbeits-recht, Bildungs- und Gesundheitssysteme et cetera).
3. **Prinzip Partnerschaft**: Das gilt sowohl für die Sozialpartnerschaft durch das Zusammenwirken der Interessensverbände wie auch für das partner-schaftliche Prinzip innerhalb der Unternehmen zwischen Arbeitgebern und Arbeitnehmern.

Durch diese Grundprinzipien der **Balance** und der **Partnerschaft** entwickelte sich die Soziale Marktwirtschaft zum bisher erfolgreichsten Modell für Wirt-schaft und Gesellschaft sowie als Basis für ein hohes Maß an Gemeinwohl und Lebensqualität. Wie in zahlreichen Arbeiten, teils in EU-geförderten Projekten aufgezeigt, ist es die Struktur, die den größten Wohlstand hervorbringt. **Balan-ce bedeutet dabei ein ausgewogenes Verhältnis in der Verteilung der Einkom-men** (nach Steuern, Sozialtransfers und innerfamiliärem Ausgleich) auf die Be-völkerung. Empirie und Theorie zeigen dabei auf, dass Gesellschaften offenbar die höchste Prosperität und langfristige Wachstumskraft entfalten, wenn bei den 80 Prozent der Bevölkerung mit den niedrigen Einkommen etwa 50 bis 65 Pro-zent des Gesamteinkommens allokiert ist, komplementär dazu etwa 35 bis 50 Pro-zent bei den 20 Prozent mit den höchsten Einkommen [56, 59, 61, 80, 89, 90, 97]. Die Vertreter einer Ökosozialen Marktwirtschaft fordern konsequenterweise, einen balancierten Ausgleich als **Staatsziel** dem sogenannten »magischen Vier-eck in der Volkswirtschaftslehre«, das im Stabilitätsgesetz von 1967 verankert ist, hinzuzufügen.

Leider ist die Globalisierung nach einer ganz anderen Logik als der ökoso-zialen verlaufen. Die Dominanz des Marktfundamentalismus im globalen öko-nomischen Geschehen hat zwar große Wachstumsschübe in China und Indien ermöglicht, aber nur um den Preis gigantischer Umweltzerstörung, Verschärfung der Klimaproblematik, der jüngsten Weltfinanzkrise und zunehmender sozialer Spaltung – weltweit und sogar in den reichen Ländern. Das ursprünglich balancierte Ausgleichsniveau in Ländern wie Deutschland wird dabei verschlechtert, weltweit besteht ohnehin der Zustand einer **globalen Apartheid** [97] (bei den ärmeren 80 Prozent weltweit kommt weniger als 20 Prozent der Gesamteinkommen an). Zu den negativen Folgen der heutigen Form der Globalisierung gehört insofern die immer weitere (absolute) Auseinanderentwicklung zwischen Arm und Reich, die wachsende Ressourcenzerstörung und Umweltbelastung sowie die Brüskierung bestimmter Kulturen, die in der Folge zu einem Nährboden für Gewalt, Terror und Krieg werden können.

An zwei Beispielen soll diese Fehlentwicklung verdeutlicht werden:
a) Zunehmende Diskrepanz zwischen Nord und Süd:

- 0,7 Prozent des BIP sind seit 1970 für Entwicklungszusammenarbeit versprochen.

  Das wären 2006 für die gesamten OECD-Länder   220 Mrd. US$
- weltweite EZA-Ausgaben 2006: 0,3 Prozent des BNE   104 Mrd. US$
- Zinszahlungen von Süd nach Nord   123 Mrd. US$
- Steuerentgang durch Offshore-Bankplätze   225 Mrd. US$
- Rüstungsausgaben weltweit (2006)   1.200 Mrd. US$

  (Quelle: UN, World Bank, OECD, Tax Justice Network)

b) Klimawandel als aktuelle ökologische Bedrohung

- Laut »Stern-Report« [145] könnten die Kosten als Folge des Klimawandels bis zu 20 Prozent des Welt-Bruttosozialproduktes betragen, für die Vermeidung wäre ein Prozent notwendig.
- Anstieg des Meeresspiegels, schmelzende Gletscher, weniger Trinkwasser, Wüstenbildung, gigantische Bedrohung der Nahrungsmittelproduktion.
- Fallende Ernteerträge, vor allem im Süden – dadurch Verlust von Lebensraum und Existenzgrundlagen.
- Als Folge werden circa 50 Millionen »Klimaflüchtlinge« im Jahr 2010 und 200 Millionen im Jahr 2050 befürchtet.

Existenzielle Herausforderungen für die Menschheit

Im 21. Jahrhundert steht die Menschheit vor den größten schicksalhaften Herausforderungen seit ihrem Bestehen. Diese haben existenziellen Charakter.

1. Beim Umstieg von einer »Zivilisation des Raubbaus« auf eine »Zivilisation der Nachhaltigkeit« geht es um einen tiefgreifenden Wandel in der gesamten Wirtschafts- und Lebensweise der Menschen, damit das »System Mensch« wieder auf Dauer mit dem »System Natur« in Einklang gebracht werden kann. Wir brauchen entsprechende neue Produktions-, Verkehrs- und Energiesysteme sowie ein massiv geändertes Konsumverhalten. Letztlich steht ein **Umbau der modernen Zivilisation** an, wenn das Ziel eine »zukunftsfähige Entwicklung« für die Menschheit als Ganzes, also für bald zehn Milliarden Menschen sein soll.

2. Dass sich die Weltbevölkerung in den nächsten 30 bis 40 Jahren sehr rasch in Richtung zehn Milliarden bewegt, ist vor allem auch eine Folge der jetzt schon erheblichen Populationsgröße von sieben Milliarden Menschen. Dieses gewaltige Bevölkerungswachstum wird natürlich erhebliche Folgen für die Umwelt haben. Es ist deshalb als Teil einer ökologisch-sozialen Gesamtorientierung der Menschheit notwendiger denn je, das Bevölkerungswachstum zu reduzieren. Dies wird ermöglicht durch hohen Wohlstand und Balance, durch mehr Bildung, durch Partizipation der Frauen, durch Bekämpfung der Armut und Schaffung öffentlich organisierter Sozialsysteme.

3. Erforderlich ist die Schaffung einer **gerechten Ordnung** für eine immer stärker global vernetzte Menschheit. Ein globaler Ordnungsrahmen muss auf den Prinzipien von Solidarität, Respektierung der Menschenwürde und der unterschiedlichen Kulturen sowie auf den Prinzipien von wirtschaftlicher Leistungsfähigkeit und ökologischer Zurückhaltung beruhen. Es geht um menschenwürdige Bedingungen und faire Lebensverhältnisse für alle Menschen auf dem Globus. Das Ziel ist eine »friedensfähige Entwicklung« auf der Grundlage von Gerechtigkeit. Das Ziel ist Wohlstand und Nachhaltigkeit. Die weiter unten thematisierte **Fundamentalidentität** [56] bedeutet, dass **Wohlstand und Nachhaltigkeit für die ganze Welt** ordnungspolitisch zusammenfallen mit einer **weltweiten Ökosozialen Marktwirtschaft**.

Wie viel Ethik braucht die Wirtschaft?

Im Buch »Der totale Markt«, herausgegeben vom ÖGB [73], wird dazu treffend ausgeführt:

> »Der Neoliberalismus, wie er heute propagiert wird, ist nichts anderes als ein umgekehrter Kommunismus. Der Kommunismus ersetzt den Markt durch Politik, der Neoliberalismus ersetzt die Politik durch den Markt. (...) Ein entfesselter, irrationaler Markt und eine unkontrollierte Globalisierung schaden den Menschen nicht nur materiell, sondern auch psychisch, charakterlich, da dieses System auf einem extremen Individualismus und einer brutalen und selbstmörderischen Konkurrenz beruht, welche das Negative im Menschen fördert. Solidarität, Gemeinschaft, Familie, lang dauernde Arbeitsbeziehungen und die moralischen Grundlagen der Gesellschaft lösen sich auf, die Zunahme autoritärer Maßnahmen ist die notwendige Folge.«

Hans Küng hat bereits 1990 in seinem »**Projekt Weltethos**« [65] gewarnt:
> »Es droht die Selbstzerstörung der gegenwärtigen Fortschrittsgesellschaft«.

Seine Schlussfolgerung:

> »Kommunismus und Kapitalismus müssen als hoffnungslos kompromittiert und überholt angesehen werden. (...) Jenseits von Planwirtschaft **und** kapitalistischer Marktwirtschaft ist auf eine sozial und ökologisch regulierte Marktwirtschaft hinzuarbeiten, in der zwischen Kapitalinteressen einerseits und Sozial- sowie Ökointeressen andererseits immer wieder neu ein Ausgleich versucht wird; kurz auf eine **öko-soziale Marktwirtschaft**.«

3   Das ökosoziale Paradigma – 1975 bis 2000

Der vorliegende Text beschäftigt sich mit der Philosophie der Ökosozialen Marktwirtschaft und argumentiert, dass dieses Paradigma in weltweiter Umsetzung den Schlüssel bildet für eine bessere Gestaltung von Global Governance mit dem Ziel einer besseren Zukunft für alle. Fragt man nach den **Wurzeln des ökosozialen Paradigmas**, das auch in Termini wie ökologisch-soziale oder sozial-ökologische Marktwirtschaft auftaucht, dann stoßen wir auf viele Quellen. Zunächst geht es um die Nachkriegsinnovation **Soziale Marktwirtschaft** und Ludwig Erhards »**Wohlstand für alle**« (vgl. Kapitel 2).

In zwei Arbeiten von **Gemper** [38, 39] wird dieser Ursprung, der auf der Erfahrung von zwei Weltkriegen aufbaut, ausführlich dargestellt. Es geht um Marktwirtschaft als Teil der Ordnungspolitik. Sie soll die Stagnation und Armut der planwirtschaftlichen Verhältnisse nach dem verlorenen Krieg überwinden. Es geht ferner um Generationengerechtigkeit und sozialen Ausgleich. Die neue Wirtschafts- und Sozialordnung, deren Implementierung wesentlich auf Initiativen von Ludwig Erhard zurückgeht, einschließlich der **Währungsreform** von 1948, stellt einen »**dritten Weg**« dar, »der die Nachteile sowohl des Kapitalismus als auch des Sozialismus vermeidet«. Für die so wichtige Chancengleichheit, aber auch für die Steigerung der Wertschöpfungspotenziale durch Innovation und internationalen Handel werden Erziehung und Bildung als zentral angesehen. Mit dem Entstehen der Umweltbewegung wird die Wurzel »Soziale Marktwirtschaft« um ökologische Themen und später um den Gedanken der **Nachhaltigkeit** angereichert. Die politischen Systeme der entwickelten Welt bekommen dabei einen immer stärkeren **ökologisch-sozial regulierten Charakter**. In der Sprache von **C. F. von Weizsäcker** bewegt sich die Entwicklung in Richtung **Weltinnenpolitik** [4, 91, 95, 158, 159, 160].

Vor 35 Jahren: Die ökosoziale Programmatik des BUND

Konzentriert man sich auf die Begriffsvariante **Ökosoziale Marktwirtschaft**, dann
ist das erste den Autoren bekannte Dokument zu diesem Thema jetzt fast 35 Jahre
alt [50]. Hier war der dritte Autor als Mitglied der Naturschutzbewegung bereits
begleitend im Hintergrund involviert. Er hat bereits 1975, kurz nach Erscheinen
der epochalen Club of Rome-Publikation »Grenzen des Wachstums«, in der Ver-
bandszeitschrift des Bundes Naturschutz in Bayern e. V. (BN) »Blätter für Natur
und Umweltschutz« (heute »Natur und Umwelt«), Jg. 55, S. 39–41, den Artikel
»Zur Diskussion gestellt: Ökologisches Umweltkonzept« zu einer Neudefinition
von Wachstum und Wohlstand publiziert [164]. In der Schriftenreihe der Deutschen Naturschutz-Akademie »**Langzeit-Ökonomie**« werden ausgewählte Refe-
rate und die Diskussion eines Wochenendseminars im Kloster Biburg / Ndb. vom
26. / 27. Februar 1977 wiedergegeben. Veranstalter ist die Deutsche Naturschutz-
Akademie, Gruppe Ökologie, Bund Naturschutz in Bayern. Der dritte Autor hat
diese Veranstaltung als junger Mitarbeiter im Bund Naturschutz damals organisiert. Die Herausgeber der Schrift sind Mitgründer der ökologischen Bewegung in
Deutschland, **Prof. Dr. Konrad Lorenz**, Nobelpreisträger, Erforscher des Prägungs-
verhaltens bei Graugänsen, »Vater« der evolutionären Erkenntnistheorie, **Prof. Dr.
Bernhard Grzimek**, Ökologe, Afrikaforscher, Filmemacher, und **Dipl.-Forstwirt
Hubert Weinzierl**, später langjähriger Vorsitzender des 1975 gegründeten »Bund
für Umwelt und Naturschutz in Deutschland e. V.« (BUND). Zu den Autoren des
Bandes gehören auch Prof. Dr. H. C. Binswanger
und Dr. Herbert Gruhl, weitere »Väter« der ökologischen Bewegung.

Schon damals war klar, dass die Zeit drängt,
schon damals war klar, dass **Nullwachstum nicht
die richtige Lösung ist.** Gebraucht wird ein lebens-
gerechtes Wachstum oder ein Nachhol-Wachstum,
etwa bei der Abwassersanierung oder in der Luft-
reinhaltung. Die Themen von damals und heute
ähneln sich in frappierender Weise: von der man-
gelhaften Qualität des BIP zur Messung des Wohl-
stands, von dem Problem des Bevölkerungswachs-

tums zur Situation der Landwirtschaft und zur Rolle der damals an Bedeutung gewinnenden Informations- und Kommunikationstechnik. Und damals schon wurde die Herausforderung an die **ökologische Bewegung** postuliert, sich mit Ökonomie, insbesondere **Langzeit-Ökonomie** (in moderner Sprache würde man sagen »mit Nachhaltigkeit und Wohlstand kompatibler Ökonomie«) zu beschäftigen.

Die Motivation der Ökologen ist dabei ähnlich derjenigen von **Jane Goodall**, der berühmten Primatenforscherin [44, 45], die irgendwann erkannte, dass sie in den großen Städten und den Zentren der Macht aktiv werden muss, wenn sie die Menschenaffen retten will – im Regenwald von Gombe, der Heimat der von ihr studierten Tiere, war das nicht möglich.

In der genannten Schrift findet sich ein Beitrag von **Hubert Weinzierl** zum Thema **Langzeit-Ökonomie** als **Überlebenspolitik**, der ein Anliegen beschreibt, das die Autoren seit vielen Jahren umtreibt. Auf Seite 14/15 werden Diskussionen beschrieben, die der **Deutsche Gewerkschaftsbund** und der **Bund Naturschutz** in Bayern mit Staatsminister Max Streibel (dem späteren bayerischen Ministerpräsidenten) geführt hatten. Max Streibel wehrte sich damals gegen die Forderung nach **Investitionslenkung** mit Blick auf soziale beziehungsweise ökologische Anlagen. Die gewerkschaftliche Seite und die Naturschutzseite bleiben bei ihrem Standpunkt:

»Bestimmte Arten der Investitionslenkung (auch das Landesentwicklungsprogramm ist eine Art der Investitionslenkung) im Energiebereich und bei der Verwendung knapper Naturgüter und Rohstoffe müssen eingeführt werden.«

Im Text heißt es auf Seite 15 dann weiter *»Nach diesem Vorgang gab es ein bereinigendes Gespräch mit Wirtschaftsfachleuten, bei dem wir unseren Standpunkt so umrissen haben, dass die Marktwirtschaft nicht nur in einen sozialen, sondern auch in einen ökologischen Rahmen eingefügt werden muss, wenn sich dieses System nicht auf Dauer selbst zerstören will. Unser Wirtschaftssystem steht heute vor der Notwendigkeit einer neuen »evolutionären Revolution«, es muss also die Soziale Marktwirtschaft zu einer **Ökosozialen Marktwirtschaft** umstrukturiert werden. Dies muss mit systemkonformen Mitteln geschehen. Ebenso wie das »Verursacherprinzip« ein anerkanntes systemkonformes Mittel für Investitionslenkung darstellt, soll*

nach weiteren marktrelevanten Methoden im Bereich der knappen Energie-
und Rohstoffreserven gesucht werden.

   Nur wenn es uns gelingt, sowohl die Arbeitsplätze als auch wahrhaft hu-
mane Umweltbedingungen zu sichern, können unsere Lebensgrundlagen und
damit auch die Grundlagen für die Funktionsfähigkeit der Wirtschaft auf
Dauer erhalten werden.«

Hier taucht der neue Begriff erstmalig auf, die **Ökosoziale Marktwirtschaft** als
Erweiterung der sozialen Marktwirtschaft um die ökologische Dimension, das
ökosoziale Paradigma von 1977.

   Schon damals haben diese drei Autoren also die massiven ökologischen Defizite weltweit und durchaus auch in Deutschland erkannt und sind zu dem
Schluss gekommen, dass man das Konzept einer Marktwirtschaft, die sozial ausgerichtet ist, erweitern muss um die ökologische Seite, und zwar im Sinne einer
Langzeit-Ökonomie.

   Der Erfolg der sozialen Marktwirtschaft wird in Deutschland, wie überall, mit
erheblichen ökologischen Schäden erkauft. Auch ergeben sich massive Entwick-
lungskonflikte zwischen der reichen und der **armen Welt.** Die reiche Welt bedient
sich unter für sie günstigen »Terms of Trade« in den ärmeren Ländern und ver-
schärft die Spaltung zwischen Nord und Süd. Im Paktieren mit **lokalen Eliten,**
unter Bedingungen großer **Intransparenz** und **Korruption** wandert viel von dem
Geld, das eigentlich der Bevölkerung für exportierte Ressourcen des Südens zu-
steht, in die reiche Welt – oft über den Umweg von **Nummernkonten in Steuerparadiesen.** Eine Konstellation, die bis heute fortbesteht. Die aktuellen Konflikte
in Nordafrika und der arabischen Welt haben viel mit dieser Thematik zu tun.

   Mit den deutlichen Warnungen des **Club of Rome** ab 1972 [11, 12, 76, 77] und
anderer, mit dem Aufkommen einer **grünen Bewegung,** aber auch im Kontext
der Entwicklung des **Nachhaltigkeitsbegriffs** auf dem Weg zur Weltkonferenz in
Rio 1992, wird das Thema Ökologie langsam aber sicher in den politischen Prozess des Nordens integriert. Organisationen wie der **BUND** stehen für die konsequente Thematisierung dieser Seite unseres Lebens und Wirtschaftens.

   Das gilt übrigens auch für die Entwicklung im Denken des großen Physikers
und Philosophen C. F. von Weizsäcker, auf den das Konzept der **Weltinnenpoli-**

tik zurückgeht, auf das in diesem Text mehrfach verwiesen wird. C. F. von Weizsäcker, aus der Atomphysik kommend, hat sich über die Jahre vom Kernenergiebefürworter zum Befürworter des **Sonnenenergie- und Sparwegs** entwickelt. Diesen Überzeugungswandel thematisiert er in seinem Vorwort zu der Publikation »Die Grenzen der Atomwirtschaft« [81] der Vereinigung Deutscher Wissenschaftler (VDW) aus dem Jahr **1986**. Die Autoren Klaus Michael Meyer-Abich und Bertram Schefold sprechen schon im Inhaltsverzeichnis (S. 8) von **Sozialer** oder **Ökosozialer Marktwirtschaft**. Zwei Zitate verdeutlichen die Position:

> *»Die Konzeption einer **Ökosozialen Marktwirtschaft**, wie sie am Fall »Sonnenenergie- und Sparweg« angemessen wäre, will dagegen das Wirtschaftsleben im weiteren Sinn (einschließlich der Motivation) an natürliche Restriktionen anpassen, ohne auf eine umfassende Naturbeherrschung abzuzielen.«* (S. 168)

> *»Entgegen ihrer ursprünglichen Konzeption hat die Soziale Marktwirtschaft eine starke Konzentration unter Zentralisierung staatlicher Funktionen hervorgebracht. Diese Tendenz würde im Fall »Kernenergieweg« ihre Fortsetzung finden, auch wenn dies von den meisten Befürwortern der Atomenergie in der Bundesrepublik nur ungern zugegeben wird. In der Konzeption der **Ökosozialen Marktwirtschaft** wäre die Technologiepolitik hingegen ein Instrument der Wettbewerbspolitik und könnte dazu beitragen, einen funktionsfähigen Wettbewerb und föderalistische Strukturen zu erhalten sowie eine direkte Beteiligung der Bürger an der Gestaltung ihrer Lebensumstände zu fördern.«* (S. 168)

Ein ergänzender Textbeitrag [160], der sehr eindrücklich das Denken von C. F. von Weizsäcker in der späteren Entwicklung wiedergibt, ist hier aufgeführt:

> *»Die moderne Technik bietet zum ersten Mal die Möglichkeit, hinreichend viele Güter für alle Menschen zu produzieren. Heute könnte die Produktion noch alle lebenden Menschen ausreichend ernähren; dies gilt noch, trotz der zunehmenden Zerstörung fruchtbaren Landes und trotz des bisher unaufhaltsamen Bevölkerungswachstums, das alle ökonomischen Probleme immer schwerer lösbar werden lässt. Man könnte die Menschen ernähren, aber in unserer Zeit sterben mehr Menschen an Hunger oder an Folgen der Unterer-*

nährung als in den Kriegen. Ein ökonomisches System, das solche Folgen hat,
muss eindeutig als ungerecht bezeichnet werden. Wir können freilich nicht
glauben, dass der bloße Übergang von einem ökonomischen System zu einem
anderen diese Probleme löst. Der Markt erzeugt mehr Güter als jedes bisher
bekannte staatswirtschaftliche System, aber er verteilt sie nicht von sich aus
gerecht. Verschiedene ökonomische Systeme sind verschiedene Weisen, die
Macht zu verteilen. Macht ohne Güte bringt keine Gerechtigkeit hervor. Das
Maß an Gerechtigkeit, das bisher in Nationalstaaten demokratisch herbeige-
führt wurde, beruhte auf einer Rechtsordnung, an welche die Schwächeren
appellieren konnten. Das Fehlen einer entsprechenden effektiven internatio-
nalen Rechtsordnung schließt bisher dieselbe Gerechtigkeit auf dem Weltmarkt
aus. Von der Schaffung größerer sozialer Gerechtigkeit hängt aber auch ab,
ob in internationaler Übereinkunft die Schöpfung gerettet und die Kriege über-
wunden werden können.«

Vor 20 Jahren: Die Entwicklungen in Österreich

Ein zweiter, besonders wirkungsvoller Strang bezüglich der Positionierung des
ökosozialen Paradigmas und der wichtigste Hebel in den **politischen Bereich** hin-
ein, kommt aus Österreich. Der zweite Autor hat hier in vielfältigen gesellschaftlichen und politischen Funktionen gewirkt, unter anderem als **Agrarminister**, als
Vizekanzler und als Verantwortlicher für wesentliche Themenbereiche in den
Verhandlungsprozessen zur Integration Österreichs in die Europäische Union.
Die Überlegungen von **Josef Riegler**, die ihren Ausgangspunkt ebenfalls bereits
1973 kurz nach der Publikation »Die Grenzen des Wachstums« haben, waren stark
geprägt von der Situation im landwirtschaftlichen Sektor, die ihn bis heute beschäftigt – so wie auch Franz Fischler [27, 28], der das Thema viele Jahre lang als
EU-Agrarkommissar aus europäischer Sicht verantwortet hat und nun im Ökosozialen Forum Europa als Präsident die Nachfolge von Josef Riegler angetreten
hat. Für den paradigmatischen Zusammenhang zwischen der Entwicklung der
Ökosozialen Marktwirtschaft und dem landwirtschaftlichen Bereich sei auch auf
die beiden Publikationen »Bodennutzung zwischen Markt und Gemeinwohl –
nachhaltige Landnutzung und zukunftsfähiger Lebensstil« [51] und »Globales
Schafe Scheren – Gegen die Politik des Niedergangs« [169] verwiesen.

In all seinen Funktionen hat Josef Riegler die Idee der **Ökosozialen Markt-wirtschaft** wesentlich entwickelt und fortentwickelt und tief in der Politik veran-kert. Und auch nach dem Ende seiner Tätigkeiten in der Politik hat er konsequent an diesem Thema weitergearbeitet, so im Kontext des **Ökosozialen Forums Europa,** dessen Ehrenpräsident er heute ist und das die Thematik immer wieder wesentlich befruchtet [87, 115, 117, 119], sowie in der **Global Marshall Plan In-itiative** für eine weltweite Ökosoziale Marktwirtschaft [118]. Dieses Lebenswerk ist endlich vollumfänglich in seinem aktuellen Buch »Den Blick nach vorn« [116] dargestellt, das die Stationen seines 20-jährigen Wirkens zum Thema wiedergibt. Einige der Stationen sind nachfolgend aufgelistet:

- 1972–1980: Direktor des Steirischen Bauern-bundes
- 1980–1983: Direktor des Österreichischen Bauernbundes
- 1975–1983: Abgeordneter zum Nationalrat
- 1976–1986: Agrarsprecher der ÖVP
- 1987: Erstmals Formulierungen des strate-gischen Dreiecks Wirtschaft – Soziales – Ökologie anlässlich der Antrittsrede von Dr. Josef Riegler als Landwirtschaftsminister am 21. Januar 1987
- 1988: Präsentation des Manifests für eine Ökosoziale Agrarpolitik in Österreich
- 1989: Beschluss des Konzepts Ökosoziale Marktwirtschaft beim Zukunfts-parteitag der ÖVP im November 1989 in Graz.
- 1991: Die Parteiführerkonferenz der europäisch-demokratischen Union beschließt im September 1991 das Konzept der Ökosozialen Markt-wirtschaft als gemeinsames Ziel der in der EDU vereinigten christ-demokratischen- und Zentrumsparteien.
- 1992: Gründung des Ökosozialen Forums Österreichs als Weiterentwick-lung der österreichischen Gesellschaft für Land- und Forstwirtschaft.
- 2001: Gründung des Ökosozialen Forums Europa.

Durch verschiedene österreichische Initiativen und die Unterstützung aus verschiedenen europäischen Ländern, insbesondere aus Deutschland und Finnland, war es mit tatkräftiger Mitwirkung des zweiten Autors schließlich auch möglich, die Ökosoziale Marktwirtschaft zu einem Thema in der **Europäischen Demokratischen Union** (einer Vereinigung christdemokratischer und Zentrumsparteien) zu machen. Bei der 14. Parteiführerkonferenz der EDU vom 11. bis 13. September 1991 wurde im Bulletin 43 – Bericht zur Umweltpolitik – folgender Beschluss gefasst:

>»*Es ist unsere Aufgabe als EDU, der Sozialen Marktwirtschaft eine weitere Dimension zu verleihen: ökologische Zielsetzungen. Sie sollen die Soziale Marktwirtschaft in eine Ökosoziale Marktwirtschaft weiterentwickeln*
>
>*...*
>
>*Angesichts der Aufgabe, vor der die heutige Generation steht, nämlich den Übergang von einem nicht tragbaren zu einem tragbaren Wirtschaftssystem zu bewerkstelligen, bietet die Ökosoziale Marktwirtschaft die beste derzeit bekannte Lösung, mittels derer die Umstellung zu bewirken ist ...*
>
>*In diesem Sinne stehen die EDU-Parteien in ihren Mitgliedsländern vor der größten Herausforderung in der sozio-ökonomischen Geschichte der Menschheit – das Überleben in Würde in einer begrenzten Welt sicherzustellen ...*
>
>*Die in der EDU vereinten Parteien wollen die treibende Kraft bei der Umsetzung dieser Grundsätze in eine internationale Strategie für eine tragbare und umweltverträgliche Entwicklung sein.*«
>
>(Bulletin 43 der Europäischen Demokratischen Union, September 1991)

Bereits 1973 nützte Riegler den ersten Bericht des Club of Rome über die Grenzen des Wachstums, um die vielschichtigen und widersprüchlichen Beziehungen zwischen **Landwirtschaft und Umweltschutz** zu thematisieren.

Im Projekt »Lebenschancen im ländlichen Raum« formulierte er 1982 erstmals eine umfassende **Nachhaltigkeitsstrategie für die ländliche Entwicklung**, ein Thema, das nichts von seiner Bedeutung eingebüßt hat, gerade auch aus internationaler Perspektive [27, 101, 165, 166, 169].

Als Mitglied der Steiermärkischen Landesregierung für Landwirtschaft und Umweltschutz erlebte Riegler ab 1983 die Konfrontation zwischen Industrie beziehungsweise Energiewirtschaft einerseits und dem Umweltschutz andererseits hautnah. Aus dieser Erfahrung wuchs die Überzeugung, dass sich Umweltschutz auch betriebswirtschaftlich rechnen muss. Daher ist es Aufgabe der Politik, für ökologische Kostenwahrheit, die Durchsetzung des Verursacherprinzips sowie die richtigen Preis- und Kostensignale im Sinne der Nachhaltigkeit zu sorgen.

Mit dieser Erfahrung im Gepäck entwickelte Riegler als Bundesminister für Land- und Forstwirtschaft ab 1987 das Konzept der »**Ökosozialen Agrarpolitik**«.

»Den Weg zu einer Neuorientierung der Agrarpolitik sehen wir für Österreich in einer Ökosozialen Landwirtschaft, die ihre gesamtgesellschaftlichen Ziele durch eine ökonomisch leistungsfähige, ökologisch verantwortungsvolle und sozial orientierte bäuerliche Landwirtschaft erreicht.«
(Manifest für eine Ökosoziale Agrarpolitik in Österreich, Mai 1988)

Die – auch international – Aufsehen erregenden Erfolge des ökosozialen Weges führten innerhalb der ÖVP zu Diskussionen, den Sprung von der Sozialen zur **Ökosozialen Marktwirtschaft** zu wagen. Walter Heinzinger, Gerhart Bruckmann, Reinhold Christian, Marga Hubinek, Marlies Fleming, Helmut Kukacka und Wolfgang Schüssel waren treibende Kräfte dieser Bewegung.

Nach seiner Wahl zum Bundesparteiobmann und Vizekanzler im Mai 1989 stellte Riegler die konkrete Ausgestaltung der Ökosozialen Marktwirtschaft in den Mittelpunkt der programmatischen Arbeit. Eine Reihe von Wissenschaftlern – koordiniert durch den nunmehrigen Präsidenten des Instituts für Wirtschaftsforschung, Dr. Karl Aiginger – wurde eingeladen, Analysen und Konzepte auszuarbeiten. Bei einem Zukunfts-Konvent im November 1989 wurde die **Ökosoziale Marktwirtschaft** als offizielles Zukunftsprogramm der ÖVP beschlossen.

»Die Ökosoziale Marktwirtschaft steht mit ihrem Bekenntnis zu Leistung, zu Marktwirtschaft, zu Eigenverantwortung und Solidarität, zu Natur und Leben auf dem festen Fundament christlich-demokratischer Grundsätze.«
(Ökosoziale Marktwirtschaft – Leitantrag, Graz 1989)

Neben der Verankerung innerhalb der EDU – siehe obiges Zitat – konnten in der Regierungsarbeit eine Reihe konkreter Schritte realisiert werden. Im Hinblick auf die Rio-Konferenz der UNO 1992 wurden die Prinzipien der Ökosozialen Marktwirtschaft im »Nationalen Umwelt Plan« verankert sowie in das 1994 neu beschlossene Grundsatzprogramm der ÖVP integriert.

Nach dem Ausscheiden aus der Bundesregierung Ende 1991 gründete Riegler 1992 das Ökosoziale Forum Österreich als »Denkwerkstatt« sowie Aktions-Plattform zur Verbreitung und Vertiefung der **Ökosozialen Marktwirtschaft**. Partnerschaften außerhalb Österreichs folgten: Sepp Rottenaicher, Umweltbeauftragter der Diözese Passau, hatte gemeinsam mit Dr. Hans Popp, oberster Agrarstratege der Schweiz, und Hermann Kroll-Schlüter, Staatssekretär in Dresden, das Ökosoziale Forum Niederalteich (Bayern) an der dortigen Landvolkshochschule etabliert.

Dieses Ökosoziale Forum Niederalteich entwickelte sich zu einer bedeutenden Denkwerkstatt für die Ausarbeitung des »Europäischen Modells der Landwirtschaft« mit den Schwerpunkten **multifunktional**, nachhaltig, flächendeckend, konsumentenorientiert, umwelt-, natur- und tierschutzgemäß. Die konkrete Realisierung dieses europäischen Modells wurde von Franz Fischler als EU-Agrarkommissar von 1995 bis 2004 erfolgreich vorangetrieben. Franz Fischler ist heute Präsident des **Ökosozialen Forums Europa**.

Die Bücher »Aufstand oder Aufbruch?« (1996), »Die Bauern nicht dem Weltmarkt opfern!« (1999), »Land in Gefahr« (2005) sowie »Ernährung sichern – weltweit / Ökosoziale Gestaltungsperspektiven« (2007) sind Zeugnisse für die konzeptive Arbeit im Ökosozialen Forum Niederalteich.

Auch in Ungarn, Kroatien und Slowenien wurden Ökosoziale Foren gegründet. Dazu kamen Initiativen in Polen, den Niederlanden und Luxemburg. Gemeinsam mit Ernst Scheiber, dem dynamischen Geschäftsführer und wichtigsten Mitstreiter, konnte Riegler 2001 das **Ökosoziale Forum Europa** in Brüssel vorstellen.

Als Krönung all dieser Bemühungen sieht Josef Riegler schließlich das von Franz Josef Radermacher, Josef Riegler, Frithjof Finkbeiner und anderen gestartete Projekt »**Global Marshall Plan für eine weltweite Ökosoziale Marktwirtschaft**« im Jahr 2003, auf das unten noch eingegangen wird.

Es sei auch erwähnt, dass im Grundlagenvertrag zwischen Deutschland und der DDR die ökologische und soziale Marktwirtschaft mehrfach explizit erwähnt wird. Auch im EU-Vertrag von Lissabon, der am 1. Dezember 2009 in Kraft getreten ist, tauchen diese Begriffe wieder auf.

Allerdings bleiben die erwähnten Positionierungen vor allem Worte. Die materiellen Zwänge einer immer offeneren, globalisierten Weltwirtschaft in Verbindung mit dem Siegeszug des Marktfundamentalismus, auch was das Denken großer Teile der EU-Kommission anbelangte, haben die konkreten Entwicklungen nach dem Fall der Mauer in eine andere Richtung gelenkt. Die **Idee der Nachhaltigkeit**, das zentrale Ergebnis der Weltkonferenz von Rio 1992, hat ein ähnliches Schicksal erlitten wie das Konzept der Ökosozialen Marktwirtschaft. Viele Worte, aber wenig globale **Regulierung und Querfinanzierung** mit dem Ziel der Durchsetzung tatsächlich nachhaltiger Verhältnisse. Stattdessen der Verweis auf den freien Markt, der das alles schon irgendwie leisten wird. Die historisch parallele Entwicklung bezüglich Ökosozialer Marktwirtschaft und Nachhaltigkeit ist übrigens nicht überraschend. Aufgrund der **Fundamentalidentität** [56] sind beide Konzepte weitgehend identisch, insofern gilt dies auch für ihr Schicksal in der Umsetzung.

Vor 15 Jahren: Die Zukunft der Informationsgesellschaft

Einen dritten wichtigen Anteil am Thema haben die Arbeiten des **Information Society Forum der Europäischen Union** ab etwa 1996. Wesentlich involviert in die Gründung des Forums war der damalige EU-Kommissar für Industriepolitik, Informationstechnik und Telekommunikation **Martin Bangemann**. Ausgangspunkt war damals die stürmische Entwicklung der **modernen Informations- und Kommunikationstechnik**, die als Inkarnation moderner Hightech-Entwicklung einen forcierten Globalisierungsprozess beförderte. Dies betraf weltweite ökonomische Aufholprozesse, aber natürlich auch entsprechende Ressourcenanforderungen und Umweltbelastungen. Die ökosoziale Orientierung, die bis zu diesem Zeitpunkt starke Anstöße aus den Bereichen Umwelt, Landwirtschaft und Entwicklungspolitik bezogen hatten, wurde in der Folge durch Impulse ergänzt, die durch High-Tech, Globalisierung, moderne industrielle Entwicklung, Beschleunigung und den Weg in eine weltweite **Informa-tions- und Wissensgesellschaft** geprägt waren.

In die Thematisierung der resultierenden Fragen war der erste Autor auf der Ebene des **Information Society Forum** (ISF) der Europäischen Union, dessen Vorsitz Martin Bangemann innehatte, wesentlich involviert, aufbauend auf lang-jährigen Vorarbeiten [94]. Ab 1995 konnte er als Leiter der Arbeitsgruppe 4 »Sustainability in an Information Society« und Mitglied des Steering Komitee frühere Beiträge zu der Gesamtthematik Globalisierung, Informationsgesell-schaft und nachhaltige Entwicklung [80, 90] einbringen. Es gab auf EU-Ebene eine enge Verbindung zum Club of Rome, zwei Schlüsselpersonen waren Peter Johnston und Robert Pestel, beide Mitglied der EU-Kommission und dort we-sentlich beteiligt an der Formulierung der **Nachhaltigkeitsstrategie der EU.** Beide haben die Arbeit des ISF langfristig betreut. Ein in diesem Kontext ent-standener interessanter Text ist [158]. Im ISF wurden die Potenziale der Globa-lisierung für die gesellschaftliche Entwicklung, den Weltfrieden, die Stärkung der kulturellen Vielfalt, die Potenziale zur Überwindung der Armut und die ökologischen Fragen thematisiert, zum Beispiel in einem wegweisenden Report aus dem Jahr 1997 [57].

Eine wesentliche Frage war die Substitutionsfähigkeit des Ressourcenver-brauchs durch die IT, etwa in Verbindung mit der Idee des »papierlosen Büros« (erhoffte **Erhöhung der Ressourcenproduktivität** um einen Faktor vier bezie-hungsweise zehn über 20 beziehungsweise 50 Jahre [128, 162, 163]), aber auch die Gefahr beziehungsweise Problematik des sogenannten **Bumerangeffekts** [85].

Das Information Society Forum der EU war auf eine Wechselwirkung mit der gesamten EU-Kommission und mit dem Europäischen Rat ausgelegt. 1988 übernahm Kommissar **Erkki Liikanen** die Verantwortung für das Forum. Von Beginn an bis zum Jahr 2000 war **Jörg Wenzel** als »Chef-Advisor of the Infor-mation Society Activity Center (ISAC)« für die administrativen Fragen verant-wortlich.

Studiert man die Ergebnisse der Arbeit des Forums, so ist der Bericht »Eu-ropean way for the Information Society« aus dem Jahr 2000 von besonderer Be-deutung [58].

In dem Bericht werden viele der Fragen diskutiert, die die ökosoziale Bewegung bis heute umtreiben. Ausgehend von der unglaublichen Kraft der Informationstechnik wird die Frage gestellt, wie diese die Welt verändern wird, etwa über die Globalisierung. Die Möglichkeiten zur Überwindung von Armut, zum Schutz der Umwelt durch Dematerialisierung und zur Förderung der Vielfalt der Kulturen werden behandelt. Behandelt wird aber auch der **Bumerang-Effekt**.

Ganz wesentlich ist die Diskussion der **kulturellen Seite** der Informationsgesellschaft, weil über die Entwicklung der WTO die Uniformisierung moderner Medienmärkte droht. Für all das wird die Notwendigkeit eines vernünftigen globalen Ordnungsrahmens thematisiert, zum Beispiel auf Seite 11, und die besondere Rolle der **Welthandelsorganisation (WTO)** herausgearbeitet, zum Beispiel auf Seite 12. Gegenüber einem reinen Laissez-faire-Markt wird das Ziel einer »**Strong Global Social Ecological Market Economy**« diskutiert. Das ist ein wesentliches Ergebnis der Arbeit des Forums.

Das Forum hatte sich im Übrigen bereits im Jahr 1999 bei den Vorarbeiten zur Ministerkonferenz zur Vorbereitung einer Millennium-Runde der WTO in Seattle (Beginn der Konferenz 30. November 1999) in der sogenannten »**Seattle-Declaration**« klar für »**cultural diversity**« ausgesprochen. Der Begriff einer Doppelstrategie findet sich auf Seite 37; dieses Konzept hat im Weiteren große Bedeutung gewonnen [84, 97,100]. Die Begriffe »Balance and Equilibrium« finden sich auf Seite 41, auf Seite 43 wird »the need for a balanced global economy« angesprochen. **Ein wesentliches »Summary« lautet wie folgt:**

> *»We advice the European Commission to consider, whether the best immediate hope for a liveable information society lies in resisting and defeating pressure to exclude the concerns of the European way from the framework of global governance, and whether this is a best change we have of leaving the information society to grow up into society fit for all the people of the world and their grand children.«*

Das ist ein klares Bekenntnis für einen »**European Way**«, und das wird gekoppelt mit einem Vorschlag für einen »**Global Society Dialogue**«, der dann auch implementiert wurde. Auf Seite 46 heißt es dazu:

> *»The ISF now issues invitation to all those non-governmental organisations, scientific groups and other networks worldwide that are interested in a joint reflection of the future of the information society and are willing to bring their expertise and to invest sufficient time and effort to contribute actively and constructively to the achievement of the agreed objectives.«*

Der »**Global Society Dialogue**« hat einige Jahre gearbeitet, und der erste Autor war sein Vorsitzender. Mit der Seattle-Declaration »Contribution of the information society forum to the WTO Ministerial Conference in Seattle« ging das »Information Society Forum« auf klare Distanz zu dem Versuch, über das GATS-Abkommen der WTO die nationale Hoheit über die Kulturpolitik auf kaltem Wege auszuhebeln. Das Information Society Forum erwies sich als eine starke Kraft für einen »**European Way**« und eine »**global eco-social market economy**« und gegen Freihandelsvorstellungen, die alles dem Markt übergeben wollten, der die Dinge schon richten würde.

Parallel zum Information Society Forum der EU schuf die Bundesregierung in Deutschland 1996 ein **Forum Info2000**, das der damalige Wirtschaftsminister Rexrodt etablierte. Nach einem späteren Regierungswechsel wurde es in **Forum Informationsgesellschaft** umbenannt. Der erste Autor war in beiden Perioden Mitglied und zugleich Vorsitzender der Working Group zum Thema »Informationsgesellschaft und Nachhaltigkeit«. Die Arbeiten liefen in vielem parallel zu denen auf EU-Ebene. Ein wichtiges gemeinsames Arbeitsergebnis beider Nachhaltigkeitsgruppen ist das Dokument »**Herausforderungen 2025** – Auf dem Weg in eine weltweite nachhaltige Informationsgesellschaft« vom Juni 1998 [31].

Mit Vorworten von EU-Kommissar Bangemann und Bundeswirtschaftsminister Rexrodt vom Juni 1988 war dieser Text ein wesentlicher Input in eine Großveranstaltung »**Informationsgesellschaft und Nachhaltige Entwicklung**«, die Stuttgart-Konferenz vom 2. Juli 1998 unter hochrangiger politischer Beteiligung aus Baden-Württemberg, Berlin und Brüssel. Beteiligt waren weiterhin das Information Society Forum der EU, sowie wichtige Vertreter von Industrie, Gewerkschaften und Verbänden.

Es lohnt sich, den gesamten Band zu lesen [29]. Alle zentralen Konzepte und Begriffe, die für die ökosoziale Bewegung charakteristisch sind, werden hier angesprochen, ebenso sind Hinweise zu einschlägigen Projekten enthalten. In die damalige Zeit fällt übrigens auch die Internationale Konferenz »Global Information Society and Development« (ISAD, 1996) in **Südafrika**, in die der erste Autor als Vertreter des ISF der EU involviert war.

Zur selben Zeit wurde auch der Text »Informationsgesellschaft, Globalisierung und Nachhaltige Entwicklung – Perspektiven für einen europäisch inspirierten Weg« publiziert, in dem erstmalig mit Cartoons zum Thema gearbeitet wird [32].

Forum Ökologisch-Soziale Marktwirtschaft
Seit 1994 ist auch der Verein »Forum Ökologisch-Soziale Marktwirtschaft« in diesem Feld aktiv, heute unter dem Vorsitz von Dr. Anselm Görres. Dort werden Themen wie **Green Budget Germany** behandelt, aufbauend auf einer langen Tradition, die sich insbesondere auch auf das Instrument einer **ökologischen Steuerreform** richtet, deren Potenzial längst nicht ausgeschöpft ist.

4 Das ökosoziale Paradigma – die Zeit ab 2000

Ausgangspunkt der weiteren Entwicklung war ein wichtiges Ereignis, die **EXPO 2000 in Hannover**, die große Veranstaltung unter dem Thema »Mensch, Natur, Technik – eine neue Welt entsteht«. Einige in Kapitel 3 beschriebene Arbeiten, vor allem der Report 2000 des Information Society Forums, aber zum Beispiel auch »Challenges 2025« und die Ergebnisse der Vorbereitungskonferenz 1998 in Stuttgart waren Teil der Vorarbeiten für die große Präsentation zur Jahrtausendwende mit ihren **Global Dialogues**. Der erste Autor war hier mehrfach beteiligt, zum Beispiel als Mitglied im Beirat für die Themenbereiche »Planet of Vision – das 21. Jahrhundert« oder zusammen mit der Stadtsparkasse Köln in der Entwicklung und Präsentation des großen Ausstellungsobjektes »Geld bewegt die Welt – wohin?« [30].

Für die EXPO 2000 wurde eine große Konferenz organisiert. Sie beinhaltet eine »Brücke« zum Themenpark und zu den »global dialogues« der EXPO 2000 unter Einbeziehung des »global society dialogue« und des Information Society Forums der EU. Diese Konferenz ist dokumentiert in dem Band: »Information Society, Globalisation and Sustainable Development – the promise of a European Way« [30].

Dieser Band ist in mehrfacher Hinsicht wichtig. Er enthält einen Nachruf auf **Dr. Robert Pe-**

stel, der die Arbeiten bis zu diesem Zeitpunkt wesentlich mit vorangetrieben hatte, auch in der Betreuung der EU-Projekte ASIS und, zeitweise, TERRA 2000. Aus TERRA 2000 ist insbesondere das Dokument »ICT and Sustainability: Is there a Chance« hervorgegangen, das in dem Band publiziert ist. Dort finden sich Statements zum Thema des damals zuständigen **EU-Kommissars Erkki Likanen** und vieler anderer politischer Akteure. Die Brücke zur EXPO 2000 und ihrem »**Global Dialogue**« zum Thema »future works, labours, sustainability, business and social responsibility« wird geschlagen ebenso zur Stiftung für die Rechte Zukünftiger Generationen und damit zu den jüngeren Vertretern des Themas.

Die Konferenz umfasste drei große Workshops über »Information society and sustainablity. A challenge to the economic and financial systems and the industry«, »Information society and sustainability – requirements for the ecology« und »Information society and sustainability – the social issue«. Vertreter aus verschiedenen Teilen der Welt, vieler industrieller Sponsoren wie Autostadt Wolfsburg und Siemens, der Träger des alternativen Nobelpreises Nicanor Perlas, aber zum Beispiel auch der zweite Autor des Textes Josef Riegler sowie Dr. Kirit Parikh vom Indira Gandhi Institute und Dr. Robert Zinser von der Rotary Fellowship on Population & Development waren beteiligt. Nachzulesen ist auch die Brücke zu Peter Spiegel, der in dem Band von einem **Ökosozialen Marshallplan** spricht, und zu Nancy Wimmer, Resultate e.V., beide mit engen Bezügen zu **Muhammad Yunus** und der Kleinkreditbewegung. Dies alles wird hier thematisiert, lange vor der Nobelpreisvergabe an Muhammad Yunus, der heute ein ganz wichtiger Bezugspunkt für die ökosoziale Bewegung ist (vgl. hierzu auch das »Yunus-Dreieck« in [56]).

Viele Akteure, die von da an die Ökosoziale Marktwirtschaft vorantreiben werden, sind in Hannover beteiligt. So spricht Dr. Paul E. Metz vom European Business Council for a Sustainable Energy Future (Netherlands) auf Seite 80 von der Weiterentwicklung der sozialen Marktwirtschaft zu einer »ecological social free market economy.« Peter Johnson von der EU-Kommission diskutiert auf Seite 97 »an equal of sharing of emission rights amongst everyone in the world«, eine sehr radikale Variante der **Klimagerechtigkeit**, für die heute die ökosoziale Bewegung eintritt.

Dr. Riegler spricht über die **Ökosoziale Marktwirtschaft**, der Text ist ab Seite 131 abgedruckt. Thomas Schauer, früher FAW, jetzt Leiter des »European Support Center« des Club of Rome in Wien, spricht über »requirements from the ecology.« Es gibt einen engen **Bezug zum FAW** in Ulm unter Leitung des ersten Autors, wie es von 1987 bis 2004 existiert hat, breit verankert in der Industrie, mit teils wechselnden Stiftern aus der Wirtschaft wie Daimler Benz AG, Siemens Nixdorf Informationssysteme AG, Hewlett-Packard GmbH, Digital Equipment GmbH, Robert Bosch GmbH, strässle Informationssysteme GmbH, Compaq Computer GmbH, Deutscher Sparkassen Verlag GmbH, Jenoptik AG, Stadtsparkasse Köln, Tecomac AG und ZF Friedrichshafen AG. Das FAW hat sich in vielen Bereichen mit der Entwicklung der Informationsgesellschaft von »Office Automation« über »Computer-integrated Manufacturing«, von Verkehrstelematik über Umweltinformatik und Multimediaproduktion bis hin zu künstlicher Intelligenz, Roboter und Sprachverarbeitung beschäftigt. Das alles war thematischer Hintergrund für die hier beschriebenen Themen.

Auch die »closing session« der EXPO-Konferenz gibt viele interessante Hinweise. Für den Global Society Dialogue spricht **Michael Mesarovic**, Mitglied des Club of Rome und eng in TERRA 2000 involviert [80].

Der damalige Club of Rome-Generalsekretär **Uwe Möller** erinnert an Professor Eduard Pestel und den zweiten Report an den Club of Rome »mankind at the turningpoint«, spricht von der Notwendigkeit der Dematerialisierung, den Chancen eines »Leap-Frogging« in Aufholprozessen, die besondere Verantwortung des Business-Sektors sowie die Rolle der Zivilgesellschaft. Er fragt in diesem Kontext nach dem, was ein »**European Way**« als Beispiel für eine Gestaltung der Zukunft leisten kann.

Die Konferenz endet mit dem Vortrag von Professor **Hans Küng,** dem Initiator der Weltethosbewegung [65, 66]. Küng führt aus, dass Ethik die Basis sein muss für Rahmenbedingungen, die wiederum Märkte so orientieren, dass ethische und gesellschaftliche Anliegen adressiert werden. Zwei wichtige Prinzipien jeder Weltethosorientierung sind (1) **langfristige ökologische Stabilität** und (2) **Würde für alle Menschen.**

Prof. Küng ist ein wichtiger Inspirator der Ökosozialen Bewegung. Seine Unterstützung der Idee einer Ökosozialen Marktwirtschaft findet sich zum Beispiel bereits in seinem Buch »Weltethos« von **1990** [65] mit der Empfehlung: »Jenseits von Planwirtschaft und kapitalistischer Marktwirtschaft (…) ist also auf eine **so-**

zial und ökologisch regulierte Marktwirtschaft hinzuarbeiten, in der zwischen
Kapitalinteressen (Effizienz, Gewinn) einerseits und Sozial- und Ökointeressen
andererseits immer wieder neu ein Ausgleich gesucht wird, kurz auf eine **ökosoziale Marktwirtschaft.**« Auch in seinem neueren Buch von 1997 »Weltethos
für Weltpolitik und Weltwirtschaft« [66] gibt er einen entsprechenden Hinweis.
Dies gilt ebenso für sein aktuelles Buch »Anständig wirtschaften – Warum Ökonomie Moral braucht« [67].

Die Überlegungen von Hans Küng sind vom Parlament der Weltreligionen
in Chicago, 4. September 1993, angenommen worden als »Declaration towards
a global ethic«, bestätigt wurden sie in Kapstadt im Dezember 1999. Hinzu
kommt am 1. September 1997 die Unterstützung des »Interaction Council« frü-
herer Regierungschefs, die sich für eine globale Ethik ausgesprochen und eine
»universal declaration of human responsibility« vorgeschlagen hatten [126].

Der Band zur EXPO 2000-Konferenz, der sehr stark auf die **»eco-social market economy«** abhebt, beinhaltet eine Menge weiterer Dokumente und ist eine
gute Quelle zum Thema, vor allem aus Sicht des Information Society Forums der
EU. Hierzu gehören Informationen über das Information Society Forum der EU,
im Besonderen die **»Seattle Declaration«**, dann über den Global Society Dialogue des Forums und über das Forum Info 2000 / Forum Informationsgesellschaft der deutschen Bundesregierung. Der Band beschreibt das EXPO 2000-Pro-
jekt »Money makes the world go round – where?!« und das sich von daher

entwickelnde **Odys-
seum in Köln**, ein
Erlebnishaus des
Wissens, ein Science
Adventure, das viele
der besprochenen
globalen Themen
aufgreift und im
April 2009 den Be-
trieb aufgenommen
hat (vgl. www.odys-
seum.de).

Der Band EXPO 2000 gibt auch Hinweise zur **Stiftung Weltvertrag** und zu einem thematisch einschlägigen Musical »Globalization Saga: Balance or Destruction« des ersten Autors [111]. Auch findet sich hier ein Verweis auf das thematisch verwandte Theaterstück »**Last Exit 2050**« [109], das zum Übergang in das neue Jahrtausend in Ulm im Theater aufgeführt wurde.

Die EXPO 2000-Konferenz hat es erlaubt, viele wichtige Brücken zu schlagen, vor allem zwischen den ersten beiden Autoren. Von diesem Zeitpunkt an wurde die Kooperation immer enger, die Bewegung für eine Ökosoziale Marktwirtschaft erfolgte ab diesem Zeitpunkt immer in einer

engen Koordinierung zwischen Partnern in Deutschland und Österreich. Viele weitere Akteure wie Peter Spiegel und Klaudius Gansczyk mit ihren Anliegen wie Kleinkreditbewegungen, Interkultureller Humanismus und Weltinnenpolitik kamen hinzu. Die Verbindung Radermacher / Riegler führte im August 2002 zur Publikation des Buches »**Balance oder Zerstörung**« [97] und bereitete die Gründung der **Global Marshall Plan Initiative** mit einem starken Fokus auf Ökosoziale Marktwirtschaft vor. Der Grundstein dafür war mit der Konferenz gelegt worden.

Schließlich fallen in den genanten Zeitraum zwei andere wichtige Konferenzen, die erneut die Verbindung der Thematik zur Informationsgesellschaft aufweisen: der **World Summit on the Information Society** (WSIS), der 2003 in Genf und 2005 in Tunis stattfand. Hier war der erste Autor thematisch engagiert.

Global Marshall Plan Initiative – ab 2003

Auf der EXPO 2000 wurde ein weiterter Schritt initiiert, für den sich die **Stiftung Weltvertrag** unter wesentlicher Beteiligung von **Frithjof Finkbeiner** einsetzte, nämlich die Gründung der **Global Marshall Plan Initiative**. 2003 formierte sich in Zusammenarbeit zwischen Josip Baotic (Ökosoziales Forum Kroatien), Ulrich Martin Drescher (Unternehmensgrün), Frithjof Finkbeiner (Stiftung Weltvertrag), Armin Frey (Stiftung Weltvertrag), Theres Friedwald-Hofbauer (Ökosoziales Forum Österreich), Hans-Herbert Holzamer (Süddeutsche Zeitung GmbH), Wolfram Huncke (Büro für Wissenschaftskommunikation), Sabine Leidig (attac Bundesbüro), Franz Maier (Umweltdachverband Österreich), Franz Josef Radermacher (FAW), Josef Riegler (Öksoziales Forum Europa), Vinay Sansi (Terra – One World Network), Surjo Soekadar (Stiftung Weltvertrag), Peter Spiegel (The Club of Budapest), Margit Uber (context communication), Ernst Ulrich von Weizsäcker (Club of Rome), Angelika Zahrnt (BUND) und Karl-Hermann Blickle (Stiftung Weltethos) in Frankfurt Flughafen die **Global Marshall Plan Initiative.**

Die Global Marshall Plan Initiative hat als eines ihrer ausdrücklichen Ziele die Implementierung einer weltweiten Ökosozialen Marktwirtschaft formuliert und dieses Anliegen stark ins öffentliche Bewusstsein gerückt [3, 40, 41, 46, 86, 98, 107, 108, 116, 118, 119, 122, 143]. Gedanklich geht es um die Extension von Überlegungen zur sozialen Marktwirtschaft, erweitert um die ökologische Komponente, auf den ganzen Globus mit einem entsprechenden **globalen Ordnungsregime.** Gedanklicher Pate ist die EU als weltweit einzige funktionierende supranationale Governancestruktur, zugleich einzige supranationale Struktur vom **ökosozialen Typ.**

Im Umfeld der Global Marshall Plan Initiative wurde von Anfang an diskutiert, wie wichtig die Durchsetzung adäquater Ordnungsstrukturen für die Weltwirtschaft ist, dass es um gemeinsame Standards geht, dass die Standardentwicklung entwicklungsstandabhängig sein kann, dass **Querfinanzierung** eine wesentliche Rolle spielen muss. Wichtige Bezüge waren der Länderfinanzausgleich und die Aufbauhilfe Ost in Deutschland sowie die **erfolgreichen Integrationsprozesse in der EU** [28, 97, 108] einerseits durch Elemente eines gemeinsamen Marktes, andererseits durch Elemente der Querfinanzierung, etwa sogenannte Strukturfonds.

Es sei erwähnt, dass Persönlichkeiten des öffentlichen Lebens, wie Hans Dietrich Genscher, Heiner Geißler, Hans Küng (Weltethosbewegung), Prinz Hassan von Jordanien (Club of Rome und Arab Thought Forum), Hiroo Saionji (Goi Peace Foundation, Japan) und Muhammad Yunus (Friedensnobelpreisträger 2006) diese Initiative tatkräftig unterstützen, ebenso wie Franz Alt, Rupert Neudeck, Rosi Gollmann. Exemplarisch erwähnt seien auch die Aktivitäten des Universitäts-Clubs Klagenfurt unter Moderation von Dr. Horst Groß. Eine einschlägige Publikation in diesem Kontext ist [41].

Methodisch argumentiert die Global Marshall Plan Initiative (vgl. Kapitel 11) bezüglich der Etablierung einer internationalen Ordnungspolitik und funktionierenden Global Governance für eine **Integration verschiedener, schon vorhandener globaler Regime** in einem kohärenten Rechtsrahmen von der WTO über die Regeln des Finanzsystems bis zur ILO (soziale Fragen, Arbeitnehmerrecht, Menschenrecht) und zu den Umwelt- und Klimaverträgen auf UN-Ebene. Ein interessanter jüngerer Text, der in diese Richtung geht, ist »Schutzstandards in der Welthandelsordnung« [36]. Die vielen Komponenten formieren sich zu einem geschlossenen Paradigma. Vorangetrieben wird das Thema stark durch die **Stiftung Global Marshall Plan**, die vom Ehepaar **Karolin und Frithjof Finkbeiner** errichtet wird. Die Stiftung argumentiert zum Beispiel für »**People, Participation, Power**« und hat ihre Aktivitäten mittlerweile wesentlich ausgeweitet, etwa im Klimabereich zu dem öffentlichkeitswirksamen Programm »**Plant for the Planet**«, das erfolgreich Kinder und Jugendliche in die Aktivitäten für **Klimagerechtigkeit** und eine weltweite **Ökosoziale Marktwirtschaft** mit einbindet. Erwähnt sei ferner die »**Coalition for the Global Commons**«.

Die Global Marshall Plan Initiative entfaltet sich vielfältig. So bilden sich aufgrund einer Erstinitiative von Studenten in Karlsruhe selbstständige Orts- und Hochschulgruppen. Alle Bundesländer in Österreich, zwei Regionen in Norditalien und in Deutschland die Bundesländer Thüringen und Nordrhein-Westfalen unterstützen diese Initiative durch Beschlüsse der Landesregierung beziehungsweise der Parlamente. Nachdem es schon lange ein Ökosoziales Forum Europa (vgl. www.oesfo.at) sowie das **Forum Ökosoziale Marktwirtschaft Deutschland** gab (vgl. www.foes.de), formierte sich 2008 auch das **Ökosoziale Forum Deutschland** (vgl. www.oesf.de).

Entwicklungen in jüngerer Zeit

Die Bemühungen um eine weltweite Ökosoziale Marktwirtschaft haben durch die Weltfinanz- und Weltwirtschaftskrise nach 2009 sehr an Dynamik gewonnen. Eine breite Gruppe von Akteuren verfolgt das Thema an verschiedenen Stellen. Besonders erwähnt seien an dieser Stelle drei Initiativen:

(1)   Konzeptarbeiten in Österreich

Das **Ökosoziale Forum Österreich** hat im Jahr 2009 anlässlich des 20-jährigen Jubiläums seines Bestehens in Zusammenarbeit mit dem Österreichischen Institut für Wirtschaftsforschung, dem Sustainable Europe Research Institute und unter Einbindung zahlreicher Stakeholder das **österreichische Konzept der Ökosozialen Marktwirtschaft** adaptiert und den aktuellen Herausforderungen angepasst [87].

Wirtschafts- und Gesellschaftssystem hängen in der derzeitigen Form von **quantitativem Wirtschaftswachstum** ab. Angesichts sinkender Wachstumsraten und zunehmender Ressourcenknappheit stellt sich die Frage, wie langfristiger Wohlstand in Österreich, in Europa und weltweit gesichert werden kann. Ausgehend davon rückt die Ökosoziale Marktwirtschaft nicht das bloße »immer noch mehr«, sondern das »besser« – also ein neues qualitatives Wachstum, das Wachstum der Lebensqualität – in den Mittelpunkt ihres Programms. »Mehr Lebensqualität für alle – heute und morgen« bedeutet die Verbesserung der objektiven Lebensbedingungen und des subjektiven Wohlbefindens für jede/n Einzelne/n. Zu den objektiven Faktoren zählen materielle Sicherheit, Gesundheit, sozialer Zusammenhalt, Bildung, Wirtschaft und Arbeit sowie die natürliche Umwelt. Damit folgt das Ökosoziale Forum der Definition der WHO, wonach unter Lebensqualität »die subjektive Wahrnehmung einer Person über ihre Stellung im Leben in Relation zur Kultur und den Wertsystemen, in denen sie lebt, und in Bezug auf ihre Ziele, Erwartungen, Standards und Anliegen« zu verstehen ist. Die bislang übliche Strategie, ökonomische Probleme wie Arbeitslosigkeit, Staatsverschuldung und budgetäre Engpässe mithilfe langfristig hoher quantitativer Wachstumsraten zu entschärfen, scheint künftig schwer umsetzbar. Denn in hochentwickelten Volkswirtschaften sind zwar die pro Kopf produzierten und konsumierten Güter und Dienstleistungen seit Mitte des 20. Jahrhunderts stetig gestiegen, die **Wachstumsraten nehmen aber kontinuierlich ab**. Während zum Beispiel die österreichische Wirtschaft in den 1950er-Jahren um durchschnittlich sechs Prozent jährlich wuchs, sank das Wachstum seit damals auf unter zwei Prozent pro Jahr in diesem Jahrzehnt.

Außerdem wird ein stetiges quantitatives Wirtschaftswachstum für bald neun Milliarden Menschen im Hinblick auf die **Umwelt und die vorhandenen Res-**

sourcen schwer möglich sein: Die Nutzung natürlicher Ressourcen ist die Grundlage unseres Lebens und jeglicher wirtschaftlicher Aktivität, gefährdet aber im heutigen Ausmaß die weitere wirtschaftliche und gesellschaftliche Entwicklung. Wirtschaftswachstum bedeutet heute auch mehr Ressourcenverbrauch. Obwohl in der Vergangenheit beeindruckende Ergebnisse bei der Erhöhung der Ressourceneffizienz erreicht werden konnten, scheint die absolute Reduktion des Ressourcenverbrauchs bei gleichzeitigem quantitativen Wirtschaftswachstum äußerst unwahrscheinlich. Bei einem jährlichen Wirtschaftswachstum von zwei Prozent und dem von den G-20 anerkannten Ziel, bis 2050 die CO_2-Emissionen um mindestens 80 Prozent im Vergleich zu 1990 zu reduzieren, müsste die Ressourcenproduktivität des Einsatzes fossiler Energieträger pro Jahr um ungefähr fünf Prozent gesteigert werden. Tatsächlich stieg in allen OECD-Staaten die Produktivität des Energieeinsatzes in der Industrie von 1965 bis 1995 nur um jährlich 2,5 Prozent. Es muss daher dringend über Alternativen zu einem rein auf quantitativem Wachstum aufbauenden Wirtschaftssystem nachgedacht werden. Eine Fortführung des »Business as usual« ist definitiv keine Option, was in Initiativen wie »Beyond GDP« beziehungsweise »GDP and Beyond« der Europäischen Kommission oder »Wachstum im Wandel« in Österreich bereits thematisiert wird.

Ausgangspunkt der Ökosozialen Marktwirtschaft ist daher ein Wachstumsverständnis, das nicht von hohen quantitativen Wachstumsraten des Bruttoinlandsprodukts abhängig ist, sondern auf qualitative Verbesserungen abzielt (**grünes Wachstum**). Dieses erfordert die Berücksichtigung aller Dimensionen der nachhaltigen Entwicklung, also den Erhalt der ökologischen, der sozialen und der wirtschaftlichen wie auch der kulturellen Grundlagen eines guten Lebens. Der schonende Umgang mit den natürlichen Ressourcen ist dabei eine notwendige Bedingung für wirtschaftlichen Wohlstand. Umgekehrt ist die Dynamik der Wirtschaft Voraussetzung für den erforderlichen Strukturwandel zu einer nachhaltigen Produktions- und Konsumstruktur, in der neue Wirtschaftssektoren entstehen, sich einige Branchen positiv entwickeln, während andere stagnieren, schrumpfen oder gänzlich verschwinden. Dieses **qualitative Wachstum** muss das bisherige ressourcenintensive Wirtschaftswachstum ablösen. Während die armen Teile der Welt deutlich mehr Einkommen brauchen, um ihren Lebensstandard erhöhen zu können, führt ein ständig steigendes Einkommen bei einer Mehrheit der Menschen in den hoch entwickelten Ländern nicht notwendigerweise zu einer Zunahme der gefühlten Zufriedenheit. Stress und Vereinsamung nehmen häufig zu, Konsum gleicht öfter einmal einem Suchtverhalten, Krankheiten entstehen zunehmend aus Überfluss, nicht aus Mangel. In wohlhabenden Teilen reicher Gesellschaften nährt sich individuelles Wohlergehen heute zunehmend aus inneren beziehungsweise immateriellen Faktoren (Zufriedenheit, Beziehungsglück, Naturerleben).

Auf Basis dieser Überlegungen hat das Ökosoziale Forum konkrete Umsetzungsvorschläge unter anderem für die Bereiche Globale Gerechtigkeit, Ressourcen- und Energiepolitik, Mobilität, Innovation, Arbeit und Beschäftigung, Migration und Integration sowie das Abgabensystem erarbeitet (Download des Programmpapiers: http://www.oekosozial.at/index/php?id=13516).

Eine in vielem ähnliche Positionierung findet sich auch in der neueren Publikation [130] zum Thema »**Postwachstumsgesellschaft**«, die von **I. Seidl** und **A. Zahrnt** herausgegeben wurde und verschiedene Bezüge zum ökosozialen Paradigma aufweist.

(2)   GO EcoSocial – das ökosoziale Masterarbeiten-Portal (http://www.go-ecosocial.at/)

Am 30. November 2009 präsentierte das Ökosoziale Studierendenforum (ÖSSFO) in Österreich im Rahmen einer Veranstaltung an der WU Wien unter dem Motto »Wissen schafft Verantwortung« die webbasierte Plattform »**Go EcoSocial**« für Masterarbeiten [88]. Das Portal ist eine Plattform für Diplom- und Masterarbeiten der Themenfelder Ökosoziale Marktwirtschaft und Nachhaltige Entwicklung. Student(inn)en können im Themen-Pool nach ausgeschriebenen Masterarbeiten suchen, Unternehmen, Organisationen und Institute können ihre Forschungsfragen anbieten, die Betreuung wird in Absprache mit den Studierenden und eingebundenen Professor(inn)en organisiert. Dabei werden die Diplomand(inn)en während der

Phase ihrer Masterarbeit mit einem EDUCATION-Modul für Ökosoziale Markt-wirtschaft (Seminare, Workshops, Kamingespräche) unterstützt.

Bereits zum Start des Projekts konnten über **20 Themen für Masterarbeiten** mit einem Spektrum von makroökonomischen Forschungsfragen bis hin zu kon-kreten Problemstellungen aus dem unternehmerischen Umfeld von Unterneh-men akquiriert werden.

Das ökosoziale Masterarbeiten-Portal wird betreut von einer Gruppe von Stu-dierenden und Hochschulabsolvent(inn)en, die sich für die Anliegen des Global Marshall Plans und der Ökosozialen Marktwirtschaft engagieren und diese unter Studierenden bekannt und greifbar machen wollen. Dies wird durch Veranstal-tungen und Aktionen sowie in der Verbreitung und wissenschaftlichen Vertie-fung der Ökosozialen Marktwirtschaft auf Basis des Masterarbeiten-Portals »GO EcoSocial« gefördert.

Die Gruppe des ökosozialen Masterarbeiten-Portals engagiert sich, weil unter anderem

- 30.000 Kinder täglich an Hunger, den Folgen schmutzigen Wassers und vermeidbaren Krankheiten sterben.
- 1,2 Milliarden Menschen mit weniger als 1 US-Dollar pro Tag leben müssen.
- jeden Tag 200 Tier- und Pflanzenarten aussterben.
- in Wien täglich mehr Brot in den Abfall kommt, als die Bevölkerung von Graz an einem Tag braucht.
- die CO_2-Konzentration in der Luft mit 400 ppm einen historischen Höchstwert erreicht hat.

Ziele

- Die Idee und Konzeption der Ökosozialen Marktwirtschaft und des Global Marshall Plans für Studierende bekannt und greifbar machen sowie deren Relevanz für Studierende aufzeigen.
- Veranstaltungen an Universitäten (Podiums-diskussionen, Symposien, Kamingespräche et cetera) organisieren.

- Dynamik für die Weiterentwicklung der ökosozialen Idee schaffen.
- Durch das Masterarbeiten-Portal »GO EcoSocial« viele Forschungsfragen für eine zukunftsfähigen Entwicklung stellen und diese im Rahmen von Masterarbeiten bearbeiten.
- Den Gedankenaustausch fördern, eigene Standpunkte erarbeiten und bei Entscheidungsträger(inne)n einbringen.
- Zusammenarbeit und Austausch mit Organisationen gleicher Zielsetzungen, um Kräfte zu bündeln und die Schlagkraft zu erhöhen.
- Lobbying & Öffentlichkeitsarbeit betreiben.

»Das Ökosoziale Studierendenforum ist überzeugt, dass nur die bewusste Auseinandersetzung jedes einzelnen und dein/ unser persönlicher Einsatz für die Ziele des Global Marshall Plans unsere Welt ins Gleichgewicht bringen kann.« (Zitat Webseite)

Zum Teil finanziert wird das Portal aus Mitteln des österreichischen Bundesministeriums für Wissenschaft und Forschung. Befürwortet wird die Initiative von bekannten Namen wie Ernst Ulrich von Weizsäcker, Dennis Meadows, Monika Langthaler oder Frank Hensel. (Bilder: Webseite www.go-ecosocial.at)

(3)   Hochschultage: Ökosoziale Marktwirtschaft und Nachhaltigkeit

Die aktuellen Weltkrisen verlangen ein neues Denken, eine neue Vision, eine neue Demokratie und eine entsprechende Aufklärung. Die Universitäten und Hochschulen sind dabei wichtige Mittler, zugleich müssen die aktuellen Curricula, vor allem in den Wirtschafswissenschaften, weiterentwickelt werden. Die bisherigen Curricula sind Teil des Problems sowie Ausgangspunkt wünschenswerter Veränderungen. Hier setzt die ökosoziale Bewegung mit der Initiative »Hochschultage – Ökosoziale Marktwirtschaft und Nachhaltigkeit« an, die 2010 gestartet wurde und zukünftig **eine ganze Dekade** lang jährlich fortgesetzt werden soll (vgl. www.hochschultage.org). Als Initiatoren sind dabei die folgenden Partner involviert: Deutsche Gesellschaft Club of Rome, Doktoranden Netzwerk Nachhaltiges Wirtschaften e.V., Hildesheim, Forschungsinstitut für anwendungsorientierte Wissensverarbeitung (FAW/n), Ulm, Forum Ökologisch-Soziale Marktwirtschaft (FÖS e.V.), Global Marshall Plan Foundation, Hamburg, Ökosoziales Forum Deutschland e.V., Bonn. Hinzu kommt eine große Zahl von Unterstützern, darunter auf Seiten der Wirtschaft der **Senat der Wirtschaft** (vgl. www-senat-der-wirtschaft.de), der konsequent für eine weltweite Ökosoziale Marktwirtschaft und einen Global Marshall Plan eintritt.

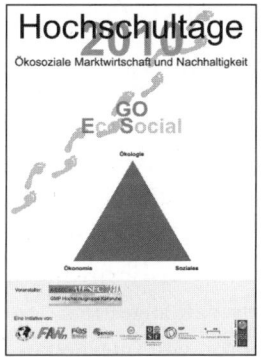

Ausgangspunkt ist dabei folgende Beobachtung: Unser gegenwärtiges Gesellschaftsmodell hat sich sowohl in ökologischer als auch ökonomischer Hinsicht als nicht zukunftsfähig erwiesen: Schwindende Ressourcen, Klimawandel und Artensterben sowie die steigende Staatsverschuldung, Finanzkrisen und der ungebrochene Anstieg sozialer Ungleichheit führen uns deutlich vor Augen, dass ein Umsteuern dringend notwendig ist.

Im Zuge der in vielen europäischen Staaten initiierten Sparanstrengungen drohen jedoch massive Kürzungen bei Umweltschutzprogrammen und wohlfahrtsstaatlichen Maßnahmen, wodurch sich die ökologische und soziale Krise weiter zuspitzt. Dabei gibt es längst überzeugende Konzepte für eine nachhaltigere und gerechtere Ausgestaltung unserer Gesellschaft, die in Schlagworten wie »Ökosoziale Marktwirtschaft«, »Global Green New Deal« und »Green Capitalism« ihren Ausdruck finden.

Bislang blockieren allerdings jene Interessengruppen des Weltfinanzsektor, aber auch anderer Bereiche, die vom gegenwärtigen System der rücksichtslosen Ausbeutung der Natur und politischen Bevorteilung von Kapitalinteressen profitieren, den überfälligen Wandel. Wollen wir diesen Widerstand überwinden und das durch die aktuelle Krise aufgestoßene »Window of opportunity« nutzen, brauchen wir ein breites fundiertes Wissen über Potenziale und Grenzen dieser Konzepte.

Eine **größere Gruppe** in diesem Themenumfeld engagierter Nichtregierungsorganisationen und Think Tanks realisiert vor diesem Hintergrund über eine ganze Dekade hinweg die Durchführung von Hochschultagen »Ökosoziale Marktwirtschaft und Nachhaltigkeit« als **hochschulnahe Plattform** für die Gestaltung einer zukunftsfähigen Welt.

Zielsetzung und Zielgruppen

Zielgruppe sind vor allem Studierende, aber auch alle weiteren an dem Themengebiet »Ökosoziale Marktwirtschaft und Nachhaltigkeit« Interessierten der jeweiligen Universität / Hochschule und deren Umfeld. Es besteht ein Bezug zur UN-Bildungsdekade »Bildung für nachhaltige Entwicklung 2005–2014« und dem entsprechenden **Beschluss der Hochschulrektorenkonferenz von 2010.** Angeknüpft wird an langjährigen Vorarbeiten, zum Beispiel des Club of Rome und des Ökosozialen Forums Europa zum Thema.

Das Ziel der Veranstaltungsreihe ist es, Studierende und die interessierte Öffentlichkeit mit Themen wie der Ökologisch-sozialen Marktwirtschaft, Nachhaltigkeit, Global Marshall Plan, Sozialunternehmen et cetera vertraut zu machen, um diese Inhalte in die Lehrpläne zu tragen, Potenziale vor Ort zu stärken, Netzwerke in diesem Bereich aufzubauen und diese miteinander zu verknüpfen. Langfristig wird als breite Basis ein Netzwerk interessierter Hochschulen und Hochschullehrer zum Thema Ökosoziale Marktwirtschaft angestrebt, ferner ein Verbund interessierter Studierender und der Aufbau von Internetportalen wie das oben bereits beschriebene Portal des Österreichischen Studierendenforums »Go Ecosocial« (unter anderem Börse für thematisch einschlägige Abschlussarbeiten).

Die ökosoziale Idee ist angekommen. Marktwirtschaft + Nachhaltigkeit = Ökosoziale Marktwirtschaft. Dies ist jetzt breit in allen Ausbildungsgängen und Curricula zu verankern als Teil einer »**Bildung für Nachhaltige Entwicklung**«.

5 Marktfundamentalismus – Viele Fragezeichen

Im Weiteren wird die Ökosoziale Marktwirtschaft dem Marktfundamentalismus gegenübergestellt. Das betrifft im Besonderen Fragen der ökologisch-sozialen Regulierung und deren Umsetzung, sei es über Gesetze und Verordnungen, über Incentives, über Strafkosten oder andere Mechanismen. Eine Reihe von Abgrenzungen sind im Text bereits erfolgt, etwa in Bezug auf das, worin die Bedeutung von **Adam Smith** und **David Ricardo** wirklich liegt. Für das positive Wirken einer »unsichtbaren Hand« wurde aus ökonomischer Sicht eine adäquate ökologisch-soziale Regulierung der Weltwirtschaft in Zeiten der Globalisierung als Voraussetzung identifiziert. Und Ricardo und der Welthandel wirken nicht per se positiv, sondern nur unter adäquaten Verteilungsbedingungen, etwa dem von ökosozialer Seite vertretenen **balancierten Ausgleichsniveau**. Ganz katastrophale Folgen der Freimarktphilosophie sind heute im Weltfinanzsystem und in der Klimafrage zu beobachten. Freie Märkte führten hier ins Desaster. Das wird in Kapitel 7 noch einmal vertieft. Das vorliegende Kapitel behandelt zwölf relevante Einzelpunkte und verdeutlicht dabei die Unterscheidung zwischen ökosozialer und marktradikaler Ausgestaltung der Ordnungspolitik zur Steuerung des Marktgeschehens.

(1) Umwelt zuerst

In der heutigen Diskussion über Nachhaltigkeit wird in der Regel auf das Nachhaltigkeitsdreieck aus Ökologie, Ökonomie und sozialem Bezug genommen. Es ist dies ein zentrales Thema des ökosozialen Paradigmas. An dieser Stelle sei verwiesen auf Kapitel 8, wo in Form der **ökosozialen Fundamentalidentität** der Zusammenhang präzisiert wird. Die Ökosoziale Marktwirtschaft wird identisch mit Wohlstand und Nachhaltigkeit gesehen.

Im Unterschied zu der **integrativen Sicht auf das Nachhaltigkeitsthema**, wie sie von der ökosozialen Seite eingenommen wird, wird heute von vielen das Dreieck der Nachhaltigkeit so verstanden, als müsste man **gleichermaßen**, mit gleicher Intensität und Bedeutung und in der gleichen Hierarchie, alle drei Themen verfolgen. In einem gewissen Sinn wäre dann jedes Thema für sich zu sehen, die Nachhaltigkeit ergäbe sich »additiv«. Gerne wird dann noch erklärt, dass sich wirtschaftlicher Erfolg und Umweltschutz nicht widersprechen, dass gar eine doppelte Dividende möglich ist. '

Diese Position ist **nicht** die ökosoziale Sicht. Für sie hängen alle Themen mit allen Themen zusammen, und in einem gewissen Sinn steht Umweltschutz und sozialer Ausgleich unter bestimmten Rahmenbedingungen der (kurzfristigen) Wertschöpfungsmaximierung entgegen. Es ist keineswegs so, dass alle Themen zu jedem Zeitpunkt miteinander einen Win-Win-Charakter haben. Vielmehr ist es so, dass **alle drei Themen gleichzeitig gedacht werden müssen**, wenn Nachhaltigkeit das Ziel ist. Und wenn die Umwelt zu schützen ist, und wenn sozialer Ausgleich politisch mehrheitlich gewollt ist, dann bedeutet das für die Ökonomie, dass nur noch bestimmte Möglichkeiten der Wertschöpfung und Gewinnabschöpfung bestehen, nicht mehr alle diejenigen, die unter Freimarktbedingungen bestehen. In dieser eingeschränkten Welt von Optionen ist es dann in jedem Fall auch rein wirtschaftlich vorteilhaft, diese ökologisch-sozialen Anliegen zu beachten. Dass darüber hinaus langfristig die Ökologie zu schützen ist, wenn die Menschheit eine Zukunft haben will, und dass sozialer Ausgleich wichtig ist, wenn das Ökonomische für alle Menschen sinnvoll sein soll, kommt hinzu.

Dabei tritt aber ein **Langfrist-Kurzfrist-Phänomen** auf. Für die ökosoziale Bewegung sind diese Punkte zentral. Insbesondere ist klar, dass die Umwelt insofern, als sie Gesetze der Physik repräsentiert, **zuerst kommt**. Hier geht die ökosoziale Bewegung mit einer Organisation wie dem BUND konform. Mit der »Umwelt verhandelt man nicht«, mit der »Umwelt führt man keine Konsensgespräche«, mit der »Umwelt handelt man keinen Tarifvertrag aus«. Die Umwelt nimmt man vielmehr in ihren Gesetzlichkeiten zur Kenntnis und **respektiert** sie. Nur um den Preis der eigenen Vernichtung beziehungsweise massiver zukünftiger Verarmung kann man diesen Zusammenhang langfristig außer Acht lassen. **Umwelt- und Ressourcenschonung als entscheidender Fokus ist zentral für die ökosoziale Bewegung.**

(2)   Homo oeconomicus

In vielen klassischen ökonomischen Modellen taucht der Mensch als »homo oeconomicus« auf. Er ist ein Nutzenmaximierer, er ist ein Pareto-Optimierer. Nun
ist dieser Aspekt dem Menschen nicht fremd. Vor allem wenn der Mensch eine
entsprechende Ausbildung hatte und in entsprechenden Umfeldern agiert, kann
diese Art zu denken ein großes Gewicht gewinnen. Und wenn man statt an einen
Menschen als ökonomischen Akteur an eine Firma denkt, dann kommt man
noch stärker in diese Richtung. Trotzdem bleibt das alles unvollständig.

Der Mensch wird nämlich auch durch ganz andere Kräfte bewegt. Durch
seine **Emotionen** und seine **Leidenschaft**, aber zum Beispiel auch durch sein Ge-
fühl für **Gerechtigkeit**. Außerdem ist der Mensch im sozialen Kontext angelegt
auf **kooperatives Verhalten**, dem wir viel verdanken. Und natürlich sind viele
Segmente des Lebens, wie zum Beispiel die Reproduktion, die Familie, aber auch
Kunst und Ästhetik und im Extremfall der Krieg, alles andere als ökonomisch.
Hier bewegen den Menschen andere Motive. Ebenso zum Beispiel in Fragen der
Religion.

Mit modernen Methoden der NMR-Tomographie zeigt sich im Kontext des
sogenannten **Ultimatumspiels** [10] für den Menschen, aber auch bereits für Pri-
maten, eine starke Orientierung an Gerechtigkeitsüberlegungen. Die ökosoziale Philosophie sieht den Menschen als einen »**homo oeconomicus cooperati-
vus**« [108], sicher nicht als ein primär nutzenmaximierendes, pareto-optimie-
rendes Lebewesen. Von dieser Position ausgehend bleibt der Theoriebildung für
eine Ökosoziale Marktwirtschaft vieles an »Verirrungen« erspart, was die klassische Ökonomie mit großem Ernst in ihrem Ausbildungsparadigma verankert
hat.

(3)   Soziale Balance

Aus Sicht der ökosozialen Bewegung ist **soziale Balance** eine wesentliche Voraussetzung für eine funktionierende Gesellschaft, aber auch für die Erzeugung
von großem Wohlstand als allgemeinem Phänomen. Das heißt, soziale Balance
ist nicht ein Luxusprodukt, das man sich unter Bedingungen des Wohlstandes
erlauben kann, sondern eine balancierte soziale Situation bringt den größten
Wohlstand und eine vergleichsweise harmonische Gesellschaft hervor. Das hat

Konsequenzen für so wichtige Themen wie Ausbildung für alle oder die Ausgestaltung eines funktionierenden Gesundheits- und Altenversorgungssystems. Eine leistungsfähige Ausgestaltung entsprechender Systeme und Institutionen ist **Voraussetzung für die höchste Wertschöpfung** [13, 56, 59, 90, 108, 168], zugleich wichtigster Eckpfeiler des sozialen Ausgleichs. Deshalb quantifiziert das ökosoziale Modell das angestrebte Niveau des sozialen Ausgleichs als **balanciert** und möchte dies als **Staatsziel auf Verfassungsebene** verankern.

(4)   Keine Working Poor

Aus den in (3) gegebenen Gründen ist die ökosoziale Community gegen Lohndumping und gegen eine Bewegung der Löhne nach unten. Die weltweite Konkurrenz mit Billiglohnländern, die bei uns viele einfache Arbeitnehmer unter Druck setzte und Folgen hatte, die viele Ökonomen begeistert als Effizienzgewinne zu verkaufen suchten, sieht das ökosoziale Paradigma nicht als positiv. Wir wollen keine Working Poor, wir wollen keine Menschen, die trotz mehrerer Jobs mit ihren Familien nicht vernünftig von ihrem Einkommen leben können. Zugegebenermaßen kann man in Zeiten der Globalisierung nicht immer haben, was man will, vor allem wenn die Globalisierung inadäquat reguliert ist. Hier muss man dann **doppelstrategisch** operieren. Das heißt, man muss überlegen, welche Jobs einer internationalen Konkurrenz ausgesetzt sind. Hier kann man mit **Kombilöhnen** gegenhalten – dies ist die aktuelle Empfehlung der OEC –, in anderen Bereichen sollte man Mindestlöhne vorsehen, wo das nicht hilft, sollte man auf öffentlich organisierte Arbeit setzen und ansonsten ein **bedingungsloses Grundeinkommen** anstreben.

Der **Markt bestimmt nicht allein die Preise.** Die Gesellschaft hat erheblichen Einfluss darauf und sollte diesen klug nutzen. Klassische Vorstellungen des Aufeinandertreffens von Angebot und Nachfrage, die sich in einem Gleichgewicht treffen, funktionieren auf Arbeitsmärkten ohnehin nicht, weil geringere Löhne oft nicht zu einer Reduktion des Arbeitsangebots führen, wie es die Theorie voraussieht, sondern manchmal zu einer Erhöhung, weil Menschen dann nämlich längere Zeit arbeiten müssen, um ihren Lebensunterhalt zu verdienen. Die klassische Theorie deckt eine solche Situation nicht ab.

(5) Eigentum

Eigentum ist ein Zentralbegriff jeder marktwirtschaftlichen Ordnung. Eigentum vermittelt Sicherheit, schafft Optionen und wirkt wertschöpfend. So bedeutsam Eigentum aber ist, es ist nicht sakrosankt, es ist auch nicht das Finale im Leben und es ist schon gar nicht »vom Himmel gefallen«. Es ist ein gesellschaftliches Konstrukt und sollte richtig verortet sein. Entsprechend der deutschen Verfassung ist Eigentum als **gemeinwohlverpflichtend** zu definieren [170]. Die Ausgestaltung von Eigentumsrechten, etwa bei Patenten oder bei Wissensbanken, ist von einem entsprechenden gemeinwohlorientierten Eigentumsbegriff her abzuleiten. Aus Sicht der ökosozialen Bewegung muss dies auf Dauer ein am Weltgemeinwohl orientierter Eigentumsbegriff sein (vgl. hierzu auch www.wcf-dresden.org).

(6) Privatisierung

Nach einem großen Hype, der Privatisierung als Lösung aller Probleme verkündete, wurden viele Beobachter mit der unangenehmen Erkenntnis konfrontiert, dass das, was sich als die privatwirtschaftliche und damit bessere Lösung verkaufte, das, was angeblich die höhere Effizienz brachte, oft nicht ein Ausdruck der besseren Organisation, des größeren Könnens, des besseren Verstehens war. Nein, häufig war es ein sehr viel schlechterer Service, der Terror in Warteschlangen von Callcentern, und es war schlicht die **Reduktion der Löhne der Mitarbeiter** auf ein sozial kaum mehr akzeptables Niveau zulasten der Menschen, zulasten der Volkswirtschaft, zulasten der Sozialkassen. Das ist keine Leistung, das ist trivial und in der Wirkung häufig kontraproduktiv.

Es ist deshalb genau zu überlegen, wann und wo man privatisiert und ob dadurch »wirkliche Effizienzgewinne« erschlossen werden. Im Prinzip verbleiben zwei Ansätze, die miteinander ringen: auf der einen Seite der Verbleib von Aufgaben im Öffentlichen Bereich, aber durchaus unter Bedingungen von Wettbewerb mit Leistungsanforderungen und auf Effizienz ausgelegt, auf der anderen Seite der Übergang in den privaten Sektor, aber dann unter klarer Regulierung bezüglich der gesellschaftlichen, sozialen und ökologischen Konditionen. Das Thema ist sehr schön aufgearbeitet in einer Publikation unter Mitwirkung eines führenden Vertreters der ökosozialen Sicht, zugleich Mitglied des Club of Rome und deutscher Umweltpreisträger 2009, nämlich **Ernst Ulrich von Weizsäcker** in seinem Buch »Limits to privatisation – How to avoid too much of a good thing« [161].

(7) Neutralität des Finanzsektors?

Eine der großen Mythen der Marktfundamentalisten ist die behauptete Neutralität des Finanzsektors. Angeblich erfolgt das Geschehen dort außerhalb der Realökonomie in einer Welt, in der alle Prozesse bilanzmäßig plus / minus null aufgehen wie im Casino – einer der (merkwürdigen) Gründe, warum in diesem Segment dann keine Steuern zu zahlen wären. Spätestens seit der Finanzkrise wissen wir, wie unsinnig diese Sicht der Dinge ist. Das Finanzsystem hat ein solches Gewicht entwickelt, dass die Realökonomie fast zum Anhängsel des Finanzsektors wurde. Substanzielle Teile der Gewinne der Volkswirtschaften wanderten in diesen Sektor, blieben dabei häufig über internationale Konstrukte und geschickte Einbindung von Steueroasen **unversteuert** [60]. Das hatte brutale Rückwirkungen auf die Realökonomie, aber zum Beispiel auch auf die Finanzsituation beziehungsweise Verschuldung der Staaten. Dies gilt nach der Finanzkrise noch mehr als vorher. Das ökosoziale Paradigma hält das Konstrukt der Neutralität des Finanzsektors für Unsinn und will diesen strikt regulieren, aber auch adäquat und konsequent besteuern [60, 102, 103, 122, 138, 139, 140].

(8) Die vermeintlich kollektive Intelligenz des Weltfinanzsystems

Die Vorstellung einer vermeintlichen kollektiven Intelligenz des Weltfinanzsystems wurde ebenfalls von bestimmten Kreisen und von Vertretern einer radikalen Freiheitsphilosophie der Märkte seit Jahren wie eine heilige Monstranz vor sich hergetragen. Angeblich war das einer der Gründe, warum dieser Bereich möglichst unreguliert und unbesteuert bleiben musste. Zugegebenermaßen ist das Weltfinanzsystem ein Seismograph, aber oft weist er auch in die falsche Richtung. **George Soros**, einer der ganz Großen des Weltfinanzsystems, hat beschrieben, warum das so ist [141, 142]. Das zentrale Thema ist die **Selbstreflexivität** [142] aller sozialen Systeme, was der Wissenschaft in diesem Bereich enge Grenzen setzt. Selbstreflexivität bedeutet, dass die Erkenntnisse der Wissenschaft auf das Verhalten der Menschen zurückwirken. Mann kennt solche Phänomene auch in der Naturwissenschaft, zum Beispiel mit der Heisenberg'schen Unschärferelation, aber nur in der Welt der kleinen Größenordnungen und Wechselwirkungen. Man kann dort bestimmte Phänomene nur beobachten, indem man andere Maßgrößen verändert.

In den Sozialwissenschaften ist das ebenfalls der Fall und sehr viel stärker. Die Selbstreflexivität des Verhaltens kann in kritischen Situationen in **nah-chaotische Zustände** führen. Flipp-Flopp-Verhältnisse, wie wir sie von den Finanzmärkten kennen, sind so erklärbar und treten vor allem dann auf, wenn sich Angst und Rendite-Gier gegenseitig die Balance halten und man nicht weiß, wohin die Kugel als Nächstes rollen wird (Tipping Point-Situation). Solche **hochfluiden Systeme** brauchen Reibung, zum Beispiel auch durch Besteuerung, sicher nicht mehr Verflüssigung mit der Begründung, es schade der Intelligenz dieser Systeme, wenn Reibung hinzutritt. Reibung würde einer Struktur gut tun, die von der »New Economy« bis zur »Subprime Crisis« einen kapitalen Fehler nach dem anderen gemacht hat.

(9) »Green BIP«

Eine wichtige Frage ist die nach der Messung des Wohlstandes. Mit dem BIP liegt ein solches Konstrukt vor. Es stellt heute die wesentliche Maßgröße für die Orientierung von Politik und Wirtschaft dar. Nun ist klar, dass das BIP den Wohlstand nicht präzise misst. Es adressiert vielmehr Leistungen in der Beförderung von Zerstörungen genauso wie im Aufbau von Werten. Und signifikante Teile der Wertschöpfung, etwa im familiären Umfeld, sind rechnerisch überhaupt nicht inkludiert. Das Wachsen von Blasen in Sektoren wie dem Finanzsystem wirkt sich im BIP zunächst positiv aus. Der Begriff des BIP ist zudem massiv abhängig von Detaillierungen in Definitionen, etwa bezüglich der Warenkörbe, mit denen Inflation gemessen wird. Eine Überschätzung dieser Größe, so wie das heute in der Regel geschieht, ist deshalb schädlich [148].

Also lohnt es sich, über andere Messmethoden nachzudenken. Von Seiten des Club of Rome hat sich Wouter van Dieren schon vor Jahren mit einem »Green BIP« [157] beschäftigt, im Moment tun dies die Nobelpreisträger Stiglitz und Sen in Zusammenarbeit mit weiteren Fachleuten im Auftrag der Vereinten Nationen wie im Auftrag des französischen Präsidenten Sarkozy [149]. Es gibt auch eine

Initiative zum Thema auf der Ebene der EU. Erwähnt sei auch der HDI, der
Human Development Index der Vereinten Nationen, der wesentlich auf den Nobelpreisträger für Wirtschaftswissenschaften, Amartya Sen, zurückgeht. Untersuchungen der beschriebenen Thematik sind allesamt wohlbegründet, stoßen
aber an prinzipielle Grenzen [156].

Wichtig bleibt, dass sich das Messen von Wachstum über das BIP-Konstrukt
trotz allem als brauchbarer Indikator erweisen kann [97], wenn sich nämlich die
wesentlichen Relationen von Jahr zu Jahr nicht massiv verändern. Aber es geht
eben nicht nur darum, einen Indikator für Wachstum zu haben, sondern auch
darum, überhaupt den Wohlstand vernünftig zu beschreiben. Das leitet über zum
nächsten Punkt.

(10)   Ökonomie und Glück

Es gibt mittlerweile Forschungen, welche die Zufriedenheit von Menschen messen, zum Beispiel der **Happy-Index** der verschiedenen Staaten. Diese Thematik
wird heute auch als **ökonomische Glücksforschung** bezeichnet [71]. Deutlich
wird in den Untersuchungen, dass – nicht überraschend – Geld alleine nicht
glücklich macht. Eher machen Verhältnisse glücklich, die als gerecht und sozial
balanciert empfunden werden, und vor allem Verhältnisse, die Sicherheit für die
Zukunft geben (vgl. die wichtige Publikation [168] zum Thema). **Sicherheit und
Stabilität** sind für das Glück von enormer Bedeutung. Ein hektisches Auf und
Ab in Märkten, in denen große Chancen großen Risiken gegenüberstehen und
großen Gewinnen große Verluste, macht nicht glücklich. Insofern ist auch das
BIP nicht der entscheidende Erklärungsfaktor für Glück. Gerade in ärmeren Ländern scheinen die Menschen oft glücklicher zu sein. Und viele bei uns erinnern
sich verklärt an die Aufbauzeiten nach dem Zweiten Weltkrieg und den damali-
gen Zusammenhalt zwischen den Menschen.

Hilft das nun weiter? Nur begrenzt! Aus der Glücksforschung ist deshalb nicht
einfach abzuleiten, was zu tun ist, denn Glück ergibt sich insbesondere aus einer
Verbesserung der Situation, also aus der Veränderung von Relationen mehr als
aus absoluten Verhältnissen. Wer in einer schwierigen Situation ist und dann
einen stetigen Aufschwung erlebt wie die Deutschen nach dem Krieg, der ist
glücklicher. Es geht vorwärts. Das kann aber kein Argument dafür sein, auf Wohl-

stand zu verzichten, nur damit es einem so schlecht geht, dass man anschließend glücklich ist, weil es dann wieder ständig besser wird.

Das Bild ist also diffus. Geld alleine ist jedenfalls nicht das Thema, Stabilität, Balance, Sicherheit und Ausgewogenheit sind wichtig. Das sind typische Themen des ökosozialen Paradigmas.

(11)   Staat und Marktversagen

Es gibt einen Zweig der Ökonomie, der gerne vom freien Markt redet und damit den **minimalistischen Staat** meint. Das ist ein Staat, der für die Sicherheit des Eigentums sorgt, und vielleicht für die Infrastruktur. Aber der sich wenig um soziale oder um Umweltfragen kümmert. Der Staat soll sich da raushalten. Die Wirtschaft wird's schon richten.

Sollte nach dieser Philosophie wider alles Erwarten doch einmal etwas herauskommen, was der Marktfundamentalist als unvernünftig ansieht, dann spricht er von **Marktversagen**. Und nur in diesem Ausnahmefall darf die Politik eingreifen. Ihre Aufgabe ist also die Korrektur von Marktversagen –mehr ist nicht erlaubt. Ansonsten hat sich die Politik also draußen zu halten, ja teilweise wird ihr die Legitimation abgesprochen, sich überhaupt einzumischen. Die Demokratie hat dann kein Recht, bestimmte Fragen überhaupt zu adressieren.

Elemente »marktfundamentalistischer Innovationen« dieses Typs wurden umgesetzt auf der Ebene der EU und noch mehr auf der Ebene der WTO. Beide Institutionen sind sehr weit weg von der nationalen Demokratie. Sie sind nicht dem direkten Zugriff eines Wahlvolkes »ausgeliefert«. Im Zweifelsfall handelt es sich bei Vereinbarungen auf dieser Ebene um das Ergebnis von komplizierten Abstimmungsprozessen zwischen sehr vielen Nationen gleichzeitig. Dies wird ausgehandelt in »Hinterstuben der Macht«, in die die Demokratie nicht hineinsehen kann. Die Demokratie wird auf diese Weise »**entleert**«.

Aus ökosozialer Sicht sind solche Verhältnisse nicht wünschenswert. Nach ihrer Auffassung **besteht der Markt aus Regulierung plus Wettbewerb**. Wenn im Ergebnis etwas herauskommt, das wir Menschen mehrheitlich nicht wollen, dann stimmt etwas nicht im Zusammenwirken von Regulierung und Wettbewerb, und dann ist in der Verknüpfung dieser beiden Dimensionen die Suche nach neuen Lösungen unser Recht, ja unsere Pflicht. Dabei wird anerkannt, dass es Probleme geben mag, die überhaupt nicht zu lösen sind, für die es also keine Kombination von Regulierung und Wettbewerb gibt, die zu einer vernünftigen Lösung führen würde. Das ist dann schon fast eine Tragik des Lebens.

Ansonsten aber **hat die Politik jede Legitimation**, in ökonomische Tatbestände einzugreifen. Ein aufgeklärter Wille der Mehrheit kann umgesetzt werden, und selbst dort, wo Forderungen nach sozialer Balance Wachstumspotenziale ausschließen, die eigentlich bestehen, selbst dort also, wo der Kuchen größer sein könnte, wenn man in der Verteilung des Kuchens nicht so rigide wäre, ja selbst bezüglich solcher Lösungen, in denen alle (absolut) gewinnen würden, da darf die Demokratie mit anderen Verteilungsvorstellungen zugunsten der Mehrheit eingreifen. Denn es gibt nicht nur die absolute Seite der Einkommen. Rein lebenspraktisch ist oft die **relative Seite** noch bedeutungsvoller. Hier sind dann die interessantesten Themen platziert, nämlich zum Beispiel die Frage nach dem Abgleich von Quote und Wachstum. Mehr dazu folgt in Kapitel 9, wo es um sozialen Ausgleich als Basis für Wohlstand und die Quantifizierung von Balance als ökosoziale Forderung geht.

(12) Wettbewerb zwischen den Staaten

Viele Marktfundamentalisten haben den Wettbewerb zwischen den Staaten begrüßt, der durch die Globalisierung entstanden ist. Aus ihrer Sicht ging es hier um den Wettbewerb von Regulierungen mit dem Ziel der Erhöhung der **Effizienz des staatlichen Tuns** mit dem Ziel eines schlanken Staates, eines Staates, in dem sich nicht Bürokraten auf hoheitlichen Rechten ausruhen. Nun kann es durchaus sein, dass ein gewisser Wettbewerb von Regulierungssystemen Sinn macht, das widerspricht nicht der ökosozialen Position, allerdings ist dies dann zu sehen als Wettbewerb auf einem **Meta-Markt**. Dazu müsste der Meta-Markt allerdings selber einer geeigneten Regulierung unterworfen sein, was heute nicht der Fall ist. Das heißt, es müsste Regeln darüber geben, wie Staaten miteinander in Wettbewerb treten. Es müsste zum Beispiel **Effektivitätsforderungen** geben, etwa bezüglich der Menschenrechte oder bestimmter Services, und beispielsweise Mindestbesteuerungsniveaus.

Wenn das aber alles fehlt, dann ist der Wettbewerb der Staaten untereinander vom Typ einer **Spirale nach unten**. Es werden letztlich weniger Leistungen erbracht, es wird getäuscht in der Optik, es ist langfristig für keinen gut. Besonders deutlich ist dies zu sehen in den **desaströsen Wirkungen von Steuerparadiesen.**

Es ist eben keine Wettbewerbssituation, wenn im einen Fall Hunderte Millionen Menschen zu versorgen sind und im anderen zwanzigtausend, und wenn die zwanzigtausend genau davon leben, dass in dem Staat mit den Hundert Millionen Menschen die Steuern nicht bezahlt werden. Glücklicherweise hat das jetzt nach der Weltfinanzkrise auf G-20-Ebene so ziemlich jeder begriffen. Wenn Wettbewerb unter Staaten, dann unter **vernünftigen Wettbewerbsbedingungen,** und diese müssen Mindestbesteuerungsniveaus et cetera beinhalten [60, 102, 108, 138, 139, 140]. Globalisierung und Freiheit bedrohen anderenfalls unsere Zukunft, in der Klimafrage wie beim Weltfinanzsystem. Der Markt treibt unter Globalisierungsbedingungen die Welt sowie den Weltmarkt und die Unternehmen in die falsche Richtung. Ökonomische Akteure müssen nämlich Spielräume nutzen und dazu gegebenenfalls auch die Politik erpressen, solange sie legal die Möglichkeit dazu haben und andere diese Möglichkeiten nutzen (Situation eines **Gefangenendilemmas**). Nur eine enge Zusammenarbeit der Staatengemeinschaft in der Durchsetzung adäquater Ordnungsbedingungen kann hier einen Ausgleich schaffen.

*Für den Welthandel bedeutet das Gesagte, wie von Seiten des Nobelpreisträgers für Wirtschaftswissenschaften Joseph Stiglitz immer wieder gefordert, Folgendes: **Fairnesselemente sind einzubauen.** Dies in richtiger Interpretation des Gleichbehandlungsprinzips: »**Gleichbehandlung bedeutet die Gleichbehandlung des Gleichen. Dies impliziert häufig die Ungleichbehandlung des Ungleichen**«. Den zurückliegenden Ländern werden dabei im Rahmen eines **fairen Welthandels** gewisse Vorteile eingeräumt. Insbesondere muss diese Ordnung beinhalten, dass die Erzeuger für ihre Produkte einen fairen, das heißt ihrer Arbeit und ihrem Einsatz angemessenen Preis erhalten – keine Lohnabsenkungs-Todesspirale nach unten in einem Wettbewerb ohne adäquate Rahmenbedingungen.*

6 Das Konzept der Planetengrenze – Ein ökosozialer Ansatz

Vor Kurzem hat eine Gruppe von Wissenschaftlern um Johan Rockström vom Stockholm Resilience Centre, dem auch der Nobelpreisträger Paul Crutzen angehört, in der Zeitschrift »Nature« ihr Konzept der **Planetengrenze** vorgestellt [121]. Es entspricht sehr weitgehend dem ökosozialen Credo und wird deshalb hier wiedergegeben.

Die Autoren stellen fest, dass die Menschheit so wirtschaftet, als ob die Erde keine Grenzen hätte. Damit unsere Zivilisation nicht in höchste Schwierigkeiten gerät, plädieren sie jetzt dafür, Grenzen zu setzen, bis zu denen wir unseren Planeten beanspruchen dürfen. Dies steht ganz in der Tradition von Hans Glauber, Gründer des Ökoinstituts Südtirol/Alto Adige in Bozen, auf den folgendes Zitat zurückgeht: »Die leidenschaftliche Akzeptanz der Grenzen ist Liebe zum Leben«. Das Konzept der Planetengrenze, das nicht nur das Klimasystem betrachtet, setzt die nachfolgenden Überlegungen der Autoren um [121].

Der Erde ist die Menschheit egal. Unsere Aufgabe als Wissenschaftler ist es jedoch, die Menschheit zu bewahren. Dabei konzentrieren wir uns auf den Planeten, weil wir gelernt haben, dass die Zivilisation nur dann bestehen kann, wenn die Erde ihr einen sicheren Rahmen liefert und die Ökosysteme funktionieren. Die Menschheit übt inzwischen einen so großen Druck auf die Erde aus, dass es ein böses Erwachen geben könnte – und genau das soll mit dem Konzept von den **Planetengrenzen** *verhindert werden: »Das Konzept basiert auf der Einsicht, dass die Menschheit tief in grundlegende Prozesse des Systems Erde eingreift. Deshalb schlagen wir vor, die Schlüsselpro-*

zesse zu bestimmen, von denen die Stabilität des Ganzen abhängt. Dann ermitteln wir für jeden dieser Prozesse seine kritische Grenze, die nicht überschritten werden darf, wenn die Erde nicht in einen Zustand kippen soll, in dem unumkehrbare, katastrophale Veränderungen ablaufen.« Als erstrebenswert sehen wir den Zustand vor Beginn der Industrialisierung an.

Zu der Vorstellung wurden neun Schlüsselbereiche thematisiert: Klimawandel, Landnutzung, Meeresversauerung, Stickstoff- und Phosphoreinsatz in Düngemitteln, Wasserverbrauch, Umwelt- und Luftverschmutzung sowie das Artensterben. Sehr besorgt stimmt die Forscher derzeit der Wasserverbrauch, vor allem in der industrialisierten Landwirtschaft, und die Änderung von Landnutzung, also das Anlegen neuer landwirtschaftlicher Flächen, ebenso die Belastung der Meere durch Phosphorverbindungen und die Meeresversauerung. Auf diesen Feldern bewegen wir uns als Menschheit bedrohlich schnell auf die Grenzen zu, die wir als sicher einschätzen. Außerdem haben wir bei drei Schlüsselprozessen die sicheren Grenzen überschritten: beim Klimawandel, beim Stickstoffzyklus und beim Artenschwund.

Allerdings seien die gewählten Grenzwerte lediglich eine erste Abschätzung, und auch die Zahl der Schlüsselbereiche könne sich noch ändern. Es wird jetzt angestrebt, eine erste Bestandsaufnahme und Analyse vorzulegen, die weiterentwickelt werden müsste. Die Einsicht ist wie folgt:

»Bei den Sicherheitsgrenzen für den Stickstoffzyklus und den Artenschwund sind wir bereits um Größenordnungen über das Ziel hinausgeschossen, sehr viel weiter als beim Klimawandel, den wir derzeit jedoch als einziges Problemfeld angehen. Wir müssen dringend die Überdüngung stark zurückfahren, ebenso den Grad des Artensterbens. Wir brauchen Biodiversität, wenn der Planet im Gleichgewicht bleiben soll, denn die Biologie steuert den Wasserhaushalt und puffert die Treibhausgasemissionen. Das funktioniert nur, solange die Vielfalt intakt ist. Zerstören wir sie, steigt das Risiko, dass die Ökosysteme Grenzen durchbrechen.«

Es gibt zahllose Rückkopplungsmechanismen zwischen den verschiedenen Schlüsselbereichen, die einander verstärken können. Das Konzept von den

Planetengrenzen soll das bisherige von der nachhaltigen Entwicklung ablö-
sen. Das setze dabei an, die Umwelteinflüsse zu reduzieren – aber das rei-
che nach Sicht der Forscher nicht:

>*»Bei dem Konzept der* **nachhaltigen Entwicklung** *halten viele die wirt-*
schaftliche Entwicklung immer noch für das wichtigste Ziel. Die Autoren
führen aus, dass es den meisten um Wachstum geht und dass viele die Um-
welt immer noch als etwas ansehen, das wir ausbeuten können, auch wenn
wir uns darum bemühen müssen, die Folgen zu minimieren. Der Ansatz
von den Planetengrenzen funktioniert genau andersherum: Das System Erde
mit seiner Fähigkeit, sich selbst in stabilem Zustand zu halten, muss die
Grenzen für unser Wirtschaften und Entwickeln setzen. Diese Grenzen müs-
sen wir respektieren, wir dürfen sie nicht überschreiten. Das ist ein grund-
legender Unterschied.«

Nur innerhalb der sicheren Grenzen könne sich die Menschheit noch frei
entfalten. Allerdings wird das ein grundlegendes Umdenken erfordern. Nein,
es gehe nicht darum, ein Untergangsszenario zu entwerfen: Die Menschheit
habe beim Kampf gegen das Ozonloch bewiesen, dass sie sehr wohl mit gro-
ßen Herausforderungen fertig wird – wenn sie will.

Die **Initiative für Planetengrenzen hat Recht.** Ihre Position ist weitgehend identisch mit derjenigen der ökosozialen Bewegung. Für diese ist deshalb Nachhaltigkeit auch übergreifend und konsequent zu verstehen, wie in diesem Text dargestellt. Für die ökosoziale Bewegung übersetzen sich die ökonomischen,
ökologischen und sozialen Fragen der Nachhaltigkeit in **Systeme einzuhalten-
der Constraints.** Das ist eins zu eins das Prinzip der Planetengrenzen. Und wie
dieses sieht die ökosoziale Bewegung auch eine Chance für eine vernünftige Zukunft. Die ökosoziale Bewegung thematisiert hierzu den **doppelten Faktor 10**
(vgl. Kapitel 12). Wachstum ist aus dieser Sicht im Sinne der Optimierungstheo-
rie ein Maximumprozess unter eben diesen Constraints.

7 Weltfinanzsystem und Klimafrage – »Freie Märkte« führen ins Desaster

Warum macht es Sinn, das Thema **Ökosoziale Marktwirtschaft** gerade heute zu behandeln? Was hat sich in den letzten Jahren geändert? Innerhalb von nur 20 Jahren haben wir das Scheitern von zwei extremen Ideologien mit völlig konträren Konzepten erlebt: 1989 die Implosion des **Kommunismus** mit zentralistischer Planwirtschaft, Diktatur und Unfreiheit, und 2008 die öffentlich zelebrierte Pleite eines ausschließlich **profitorientierten Kapitalismus und Marktfundamentalismus** mit zerstörerischen Auswirkungen auf Wirtschaft, Gesellschaft und Natur [64].

Kommunismus und Zentralwirtschaft funktionieren nicht – hier versucht die Politik auch noch die Wirtschaft zu machen. Marktfundamentalismus funktioniert genauso wenig – hier versucht die Wirtschaft auch noch Politik zu machen. Stattdessen ist die **ordoliberale** Sicht zielführend und zukunftsfähig. Der Staat setzt (möglichst über die Demokratie) die Regeln; diese orientieren sich an ethisch-gesellschaftlichen Anliegen. Innerhalb der durch diese Regeln gesetzten Spielräume sorgt der Wettbewerb im Markt für Effizienz. Demokratie formuliert dabei die Regeln tendenziell im Sinne des Interesses der meisten Menschen und zukünftiger Generationen; alles andere droht unmenschlich und desaströs zu enden. Damit wird die Brücke zwischen **Wirtschaft und Ethik** geschlagen. Ganz zentral geht es um das Thema: Ethik in Wirtschaft und Gesellschaft – oder noch klarer die Frage: Hat die Wirtschaft dem Menschen zu dienen oder wird der Mensch zum »Spielmaterial« und Gebrauchsartikel für die Wirtschaft degradiert?

Zwei Zitate illustrieren den fundamentalen Unterschied zwischen der oben schon diskutierten sozialen Marktwirtschaft: » *Wohlstand für alle* « (**Ludwig Er-**

hard) und dem ausschließlich profitorientierten Kapitalismus: »*Die soziale Ver-antwortung von Managern ist Profitmaximierung für die Aktionäre*« (**Milton Friedman**). Hätte Friedmann auf die Notwendigkeit adäquater Rahmenbedingungen für das Zutreffen seiner Beschreibung von sozialer Verantwortung hingewiesen, könnte man über seine Aussagen ernsthaft reden – so war sie eine Einladung zur **Selbstbereicherung** von Personen an Schalthebeln des Finanzsektors.

Warum konnte es überhaupt zu dem weltweiten Siegeszug einer »entfesselten« Ökonomie mit ausschließlicher Fokussierung auf Kapitalrenditen und Gewinnmaximierung kommen?

Ausschlaggebend dafür war das zeitgleiche Zusammentreffen von drei unterschiedlichen Entwicklungen:

a) Die Entstehung einer Welt ohne »**Grenzbarrieren**« durch den Zusammenbruch des Sowjet-Imperiums und die wirtschaftliche Öffnung Chinas.

b) In der Folge die einseitige Dominanz der Ideologie des »**freien Marktes**« in Form des Marktfundamentalismus mit der weltweiten politischen Durchsetzung von Freihandel, freier Wahl der Produktionsstandorte und völliger Freizügigkeit der Finanzmärkte.

c) Die technologische Revolution im Bereich der **Informationstechnologie**, welche die Globalisierung der Realökonomie und noch viel stärker die Explosion der globalen Finanzmärkte technisch erst möglich machte.

Das Ende ist bekannt. Zwei wichtige Zitate sollen die Problematik verdeutlichen: »*Ich verstehe da einiges nicht. Inzwischen merke ich, niemand versteht mehr, was da passiert*« (**Jean-Claude Juncker**, Vorsitzender der Euro-Finanzminister und luxemburgischer Premier, im ECON-Ausschuss zu den internationalen Finanzmärkten) und »*Das Monster ist außer Kontrolle geraten*«, damaliger Bundespräsident **Horst Köhler** zu Beginn des Jahres 2008. Ab September 2008 ging es dann Schlag auf Schlag.

Wo lagen Gründe für die beobachteten Fehlentwicklungen? Es gibt solche auf der Systemebene, es gibt solche auf der Ebene einzelner Individuen. Bei Letzteren war manchmal die ungezügelte Gier die Wurzel der Fehlentwicklung. Gier ist ein extremer Charakterzug, fast eine **Krankheit** – so wie Geiz. Gerne treten Gier für sich selber und Geiz gegenüber anderen als Tandem auf. »*Die Erde hat genug* *für jedermanns Bedürfnisse, aber nicht für jedermanns Gier«.* Dieser Satz **Mahatma Gandhis** bringt das aktuelle Dilemma für die Menschheit auf den Punkt.

Zu dieser entfesselten Gier Einzelner an Schlüsselpositionen der Wirtschaft ist es gekommen, weil einerseits religiös fundierte Wertorientierungen und ein »gebildetes Gewissen«, zum Beispiel im Sinne eines »ehrbaren Kaufmanns«, durch die Dominanz von pragmatischem Materialismus, Egoismus und »modernem Heidentum« verdrängt wurden und andererseits für die Ökonomie auf globaler Ebene ein funktionierender und durchsetzbarer politischer Ordnungsrahmen fehlt.

Dieses Grundproblem des Verlustes an ethischer Orientierung hat wiederum **Mahatma Gandhi** in seinen »sieben Todsünden in der heutigen Welt« treffend formuliert:

- Reichtum ohne Arbeit
- Genuss ohne Gewissen
- Wissen ohne Charakter
- Geschäft ohne Moral
- Wissenschaft ohne Menschlichkeit
- Religion ohne Opfer
- Politik ohne Prinzipien

In seiner »Berliner Rede« vom 24. März 2009 legte der damalige deutsche Bundespräsident Horst Köhler ein berührendes Bekenntnis ab:

> *»Ich will Ihnen eine Geschichte meines Scheiterns berichten.*
> *Es war in Prag, im September 2000. Ich war neu im Amt als Geschäftsführender Direktor des Internationalen Währungsfonds. Mein Ziel war es, den IWF zum Exzellenzzentrum für die Stabilität des internationalen Finanzsystems zu machen. Die Entwicklung auf den Finanzmärkten machte mir Sorgen. Ich konnte die gigantischen Finanzierungsvolumen und überkomplexen Finanzprodukte nicht mehr einordnen. (...)*
> *Viele, die sich auskannten, warnten vor dem wachsenden Risiko einer Systemkrise* (Anm. der Autoren: auch aus dem Umfeld der Autoren [108, 138]). *Doch in den Hauptstädten der Industriestaaten wurden die Warnun-*

gen nicht aufgegriffen: Es fehlte der gemeinsame Wille, das Primat der Po-
litik über die Finanzmärkte durchzusetzen. Jetzt sind die großen Räder ge-
brochen und wir erleben eine Krise, deren Ausgang das 21. Jahrhundert prä-
gen kann. Ich meine: zum Guten, wenn wir aus Schaden klug werden.«

Seit September 2008 mit dem Zusammenbruch der Investment-Bank »Lehman Brothers« und der Verhinderung einer gigantischen Konkurswelle im Bereich der Banken und Versicherungen unter Aufwendung Tausender Milliarden Dollar, Euro et cetera an Steuergeldern ist »**hektische Brandbekämpfung**« durch die Regierungen angesagt. Diese Bemühungen waren notwendig und richtig – sie konnten noch Ärgeres verhindern. Aber die Frage ist, was kommt danach? Der freie Markt hat uns alle ins Desaster geführt. Und wie es weiter geht, wissen wir nicht.

Dabei ist der Finanzsektor noch nicht einmal unsere größte Baustelle. Das Geld ist nämlich nur eine Seite, die Realökonomie, die physische Seite des Lebens, die Ressourcenbasis und das Klima eine noch wichtigere. Hier sieht es noch schlimmer aus. Kurz nach dem Gipfel von Kopenhagen ist die Lage düsterer denn je. Die Menschheit sitzt in einem modernen Hochgeschwindigkeitszug und rast auf den Abgrund zu [26, 76, 77]. Während sie das tut, wird diskutiert: Was bedeutet Abgrund, was bedeutet Wahrnehmung? Was ist ein Hochgeschwindigkeitszug und was bedeutet Geschwindigkeit? Kann der Zug gestoppt werden? Auf welche Arten? Wer ist dafür zuständig? Muss man Konsens herbeiführen, um zu handeln?

Die Herausforderungen im Bereich der Global Governance kann man im Moment in Reinkultur im Umfeld der **CO_2-Emissionen der Menschheit** und des Ringens um den **Kyoto-Vertrag** und seine angestrebte Fortführung ab 2012 studieren [12, 17, 20, 24, 33, 70, 82, 83, 87, 103, 145, 153, 171]. Die Menschheit ist zurzeit damit beschäftigt, das **Klimaproblem** zu lösen. In diesem Punkt sind sich heute fast alle einig. Es gibt keine Regierung, die die gegenteilige Position vertritt, es gäbe mit Sicherheit kein Klimaproblem und wir müssten uns dieser Frage nicht annehmen. Nicht einmal die USA nehmen eine solche Position ein. Auf der Weltkonferenz in Rio in 1992 waren sich die Regierungen deshalb auch alle einig, dass die von Menschen verursachten **weltweiten CO_2-Emmissionen**

reduziert werden müssen. Worüber wir uns weltweit allerdings überhaupt nicht einig sind, betrifft die Frage, was das nun für ein einzelnes Land und einen einzelnen Menschen bedeutet.

Und natürlich kann auch der größte Emittent für sich der Meinung sein, die Welt müsste ihren Verbrauch zwar insgesamt reduzieren, aber er selber müsse dazu nur wenig beitragen. Das bedeutet ja nur, dass die anderen dann mit ihren Emissionen umso mehr nach unten müssen, damit diejenigen nur wenig verändern müssen, die ohnehin schon die größten Verbraucher sind. Meistens meinen ja auch die, die am meisten verdienen, dass man bei den anderen sparen muss. Solche Meinungen werden oft vertreten – offen oder trickreich versteckt. **Menschen vertreten gelegentlich überhaupt die merkwürdigsten Meinungen.** Die Frage ist nur, wie das andere sehen. Der argumentative Kampf geht hier um die Anwendbarkeit des sogenannten »**Großvaterprinzips**«. Das Großvaterprinzip würde Folgendes besagen: Wenn die Menschheit 20 Prozent CO_2-Emissionen einsparen will, muss jeder 20 Prozent einsparen. So geht es oft auch bei Tarifverhandlungen zu, Stichwort proportionale Anpassungen. Oft wird der Großemittent, der am meisten »Dreck« macht, am Ende auch noch erklären, er sei der Einzige, der wirklich einspart. Denn nur wer richtig viel »Dreck« macht, leistet bei einer 20-Prozent-Reduktion auch eine ernst zu nehmende Einsparung im absoluten Sinne.

Allerdings sehen die **Chinesen und Inder** diese Art der Lösung aus nachvollziehbaren Gründen als vollkommen inakzeptabel an. Sie haben auch eine teils andere Vorstellung vom Großvaterprinzip. Sie sind der Meinung, Familien hätten Konten. Und wenn man das Pech hat, dass der eigene Großvater das Konto bereits »geplündert« hat, dann ist dort leider nichts mehr zu holen. Demgegenüber haben die Chinesen und die Inder den Vorteil, dass ihre Großväter das Konto zulässiger CO_2-Emissionen noch gar nicht spürbar angetastet haben, das Konto also noch vergleichsweise voll ist. Die Chinesen und Inder meinen deshalb, sie dürften pro Kopf erst einmal nachholen, was wir im Norden an CO_2-Emissionen schon getätigt haben. Und es ist offensichtlich, dass eine **(welt-)demokratische Entscheidung** dieser Frage, also eine Abstimmung auf der Basis »jeder Mensch hat eine Stimme«, eher die chinesische beziehungsweise indische Position stützen würde als die der reichen Welt. Denn bei Anwendung demokratischer Entscheidungsmechanismen hätte die ärmere Welt die Mehrheit, nicht die reiche, von dem größten Emittenten, also den USA, erst gar nicht zu reden.

Angesichts dieser Ausgangslage setzen der Club of Rome, die Global Marshall Plan Initiative und der Autor schon lange auf einen Kompromiss, der da heißt: »Vergesst an dieser Stelle die Großväter.« Das ist eine natürliche ökosoziale Position zum Thema. Heute hat jeder Mensch ein Recht auf ein Siebtel Milliardstel des zulässigen Emissionsumfangs. Und diese Rechte sind zwischen Staaten jährlich **global handelbar**. Man nennt das das Prinzip der **Klimagerechtigkeit (carbon justice)**. Jüngst hat sich zusammen mit der deutschen Bundeskanzlerin Angela Merkel erstmals der Regierungschef einer großen Industrienation für dieses Gerechtigkeitsprinzip eingesetzt (www.nobel-cause.de/Potsdam_Memorandum.pdf). Dies ist zugleich die ökosoziale Position. Sie kombiniert Umweltschutz mit sozialem Ausgleich, ganz in der Logik von Al Gore und seinem Marshall Plan für die Umwelt (vgl. Kapitel 11). Der Kern dieser Position ist »Querfinanzierung gegen die Akzeptanz abgestimmter Standards«, wie in den EU-Erweiterungsprogrammen oder zum Beispiel bei dem erfolgreichen **Montrealer Protokoll** gefordert, das nach derselben Logik vereinbart wurde [33]. Mit dem Montrealer Protokoll erfolgte der Schutz des Ozonschirms der Erde durch entsprechende internationale Abkommen, die die Nutzung mehrerer Klassen von chemischen Substanzen, insbesondere FCKW-haltiger Substanzen, die die Ozonschicht bedrohen, immer stärker begrenzten. Die Zustimmung der sich entwickelnden Länder zu einem entsprechenden Abkommen wurde dadurch gesichert, dass die entwickelten Länder alle Umstellungskosten auf alternative technische Lösungen getragen haben.

Wer im Rahmen einer solchen Regelung viel emittiert, weil er reich ist, muss dafür in Zukunft bezahlen, weil er dabei Verschmutzungsrechte verbraucht, die einem anderen gehören. Wer weniger verbraucht, als er Rechte hat, wird dafür bezahlt. Die Preise für Emissionsrechte werden dabei jährlich zwischen Anbietern und Nachfragen ausgehandelt.

In diesem Sinne hat der Rechtehandel die Wirkung einer **globalen Ökosteuer**, die sich ständig selber nach oben taxiert. Wenn man so will, werden damit die **wahren Kosten der Umweltbelastung** in das welt-ökonomische System **internalisiert**, die Preise sagen anschließend endlich die Wahrheit. Aber gerade die USA mögen diesen Zugang nicht. Sie weichen der Rechtefrage aus, um weiter wie bisher wirtschaften zu dürfen. Würde man das ändern, wäre zum Beispiel sofort **Schluss mit einem weltweiten Handel von Gütern niedrigster Wertschöpfung.**

Wenn wir Orangen um den Globus transportieren, dabei auch noch das Wasser des Südens plündern und dafür noch nicht einmal richtig bezahlen, dann rechnet sich das alles nur, weil die **Umweltschäden** des Transports und die **induzierten sozialen Verwerfungen** nicht in Rechnung gestellt werden. Und anschließend müssen wir dann noch darüber diskutieren, ob wir unsere Landwirtschaft subventionieren dürfe – auch dort wo die Bedingungen für Landwirtschaft in Europa höchst ungünstig sind, zum Beispiel in den Bergen, wo wir andererseits aber bäuerliches Wirken zum Schutz des Landschaftsbildes und vor Lawinengefahr benötigen. Dabei ist der internationale Marktdruck selber vor allem eine Folge der viel zu niedrigen Transportkosten – in beide Richtungen. Will man das im Rahmen von Klimagerechtigkeit ändern, müsste die reiche Welt erst einmal jedem Menschen die gleichen Verschmutzungsrechte zugestehen. Von einer solchen Position sind wir aber noch weit entfernt.

Die **Ordnungsfrage wird allerdings im Bereich der Umwelt immer mehr zur zentralen Frage.** Wenn wir die Umwelt schützen wollen, müssen wir uns weltweit einigen. Wenn wir uns nicht einigen – und auf Gewaltanwendung verzichten – und in der Folge jeder tun darf, was er will, wird es so sein, dass wir in der Summe immer mehr tun von dem, was der Globus nicht aushält. Die Armen werden zu Recht tendenziell nachzuholen versuchen, was die Reichen schon immer getan haben – und möglicherweise startet dieser Prozess jetzt auch in einigen nordafrikanischen und arabischen Staaten mit großer Bevölkerung. Wenn die reiche Welt nicht über Kofinanzierungsmaßnahmen und dazu korrespondierende Standards mit einem finanzierten Technologietransfer dabei hilft, dies in einer umweltverträglichen Weise zu ermöglichen, werden wir **zum Schluss alle einen sehr hohen Preis dafür zahlen.**

Was sagen uns **Kopenhagen** und die Weltklimakonferenz in **Cancún** in diesem Zusammenhang? Es geht vorwärts, aber anders als erwartet. Und was immer geht, geht zu langsam. Immerhin haben die dort jetzt diskutierten Ansätze, obwohl sie zunächst weit von dem aus ökosozialer Sicht zu bevorzugenden weltweiten Cap and Trade System auf Basis der Klimagerechtigkeit mit engem Cap abweichen [97, 159, 163, 167], ein Potenzial, letztendlich zu einer vernünftigen Lösung zu führen. Dies basiert auf einer geeigneten Verbindung der Prinzipien »**nationale Reduktionsziele industrialisierter Staaten**« und von reichen Ländern **gespeiste Fördertöpfe** (mittelfristig angestrebt 100 Milliarden US-Dollar pro Jahr) zur Motivation sich entwickelnder Länder, sich ebenfalls mit nationalen Begrenzungszielen zu beteiligen. Ein zentrales Element ist dabei die Etablierung eines Rechterahmens, innerhalb dessen vor allem Menschen mit hohem Einkommen, die sogenannten »High Emitters«, wesentliche Beiträge zum Klimaschutz leisten können und müssen. Durch Kauf und Stilllegung von Emissionszertifikaten und durch Finanzierung eines forcierten Weltaufforstprogramms zur Bindung von 200 bis 400 Milliarden Tonnen CO_2 bis 2050 ist an dieser Stelle einiges zu leisten. Im Kern geht es dabei auch um die »Neutralisierung« der Folgen eigener Aktivitäten. Ohne derartige Beiträge ist das 2°C-Ziel bis 2050 wohl nicht mehr zu erreichen.

In mehreren aktuellen Texten des ersten Autors [103, 107] werden die bestehenden Zusammenhänge und Potenziale beleuchtet, auch in ihrer extremen **zeitlichen Enge** [107], und in den Zusammenhang einer **weltweiten Ökosozialen Marktwirtschaft** gestellt. Die Kopplung von abgestimmten Standards und Querfinanzierungen (Förderprogramm) ist auch hier ein Schlüsselthema. Die Brücke zu den Handelsfragen ist zu schlagen. Der WTO Generalsekretär Pascal Lamy hat sich an dieser Stelle in jüngster Zeit einmal mehr in bemerkenswerter Weise, ganz im Sinne einer ökosozialen Logik, geäußert (www.wto.org/english/news_e/sppl_e/sppl107_e.htm):

Reden wir über die anstehende Weltklimakonferenz in Kopenhagen. Dort wollen die Staaten ein neues Abkommen gegen die Erderwärmung abschließen. Kann so ein Abkommen den Welthandel behindern?

Lamy: *Ich habe immer gesagt, die Umwelt zuerst, der Handel als zweiter. Falls es kein Abkommen gibt, dann wollen einige Länder eine Steueranpassung an der Grenze einführen.*

Das bedeutet höhere Importsteuern für Produkte aus Ländern, die es mit Klimaschutz nicht ernst nehmen. Droht eine protektionistische Lawine, wenn die Länder sich nicht auf präzise Pläne zum Klimaschutz in Kopenhagen einigen?

Lamy: *Die Frage ist immer: Ist es gut oder schlecht für die Umwelt. Das ist die wichtigste Beurteilung.*

Weltfinanzkrise und Klimakatastrophe. Zweimal der Gau freier Märkte. Zweimal das Fehlen einer adäquaten Global Governance. Der **Stern Report** [145] zeigt, was uns allen die Handlungsunfähigkeit in der Klimathematik kosten kann.

Unser globales Marktsystem folgt den **falschen Signalen**. Was angesichts dieser offensichtlichen Defizite bisher fehlt, auch auf der Ebene der G-20, ist eine halbwegs in sich schlüssige ordnungspolitische Vorstellung, wie zukunftsfähige Spielregeln für eine global vernetzte Wirtschaft aussehen sollen und wie man diese auch durchsetzen kann. Die einen sagen, man müsse den Kapitalismus neu erfinden, die anderen träumen von einer Rückkehr zu Verstaatlichung und Planwirtschaft. Beides kann es nicht sein!

Trotz aller Bemühungen und viel guten Willens zugunsten einer neuen Gemeinsamkeit innerhalb der G-20 herrschen in Bezug auf eine gemeinsame ordnungspolitische Orientierung nach wie vor eher Ratlosigkeit und Interessengegensätze vor als eine gemeinsame Vision. Der vorliegende Text will an dieser Stelle einen entscheidenden Schritt nach vorne beschreiben. Die weltweite Ökosoziale Marktwirtschaft ist der Schlüssel einer tragfähigen globalen Perspektive, die weltweite Ausdehnung einer **Ökosozialen Marktwirtschaft** auf nationaler Ebene die Antwort auf die Krise und der Schlüssel zu einer mit Nachhaltigkeit kompatiblen Zukunft in Wohlstand für zehn Milliarden Menschen. Dies wird im Weiteren erläutert. Der Schlüssel zur Begründung der beschriebenen Position ist die sogenannte **Fundamentalidentität.**

8   Wohlstand und Nachhaltigkeit – Die ökosoziale Fundamentalidentität

Wo ist der Kompass für die Zukunft? Es ist dies das Ziel einer **nachhaltigen Entwicklung**, verbunden mit den Wünschen nach Wohlstand. Es ist dabei internationaler politischer Konsens auf Ebene der UN und praktisch aller **internationaler Organisationen**, dass wir eine Welt in Wohlstand für zehn Milliarden Menschen anstreben, die einen **nachhaltigen Charakter** besitzt. Das bedeutet, dass wir eine geeignete Balance zwischen leistungsfähiger Wirtschaft, sozialer Fairness und ökologischer Nachhaltigkeit als gemeinsames und verbindliches Ordnungsprinzip auf staatlicher, europäischer und globaler Ebene brauchen. Eine solche Ordnungsstruktur setzt die Idee zur **Nachhaltigkeit** der Rio-Konferenz von 1992 um, die sich im folgenden Dreieck manifestiert.

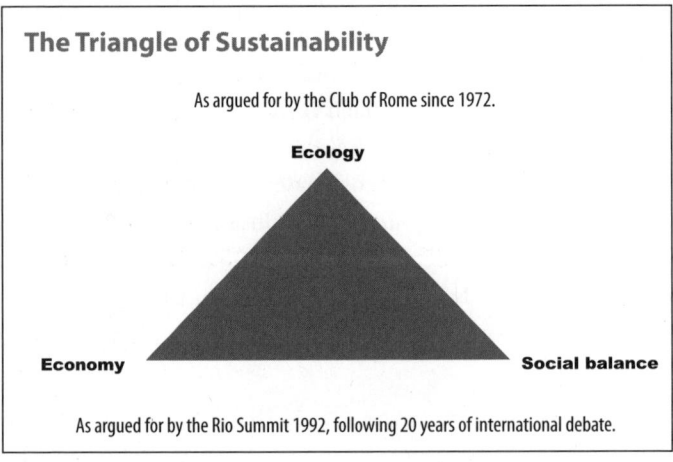

The Triangle of Sustainability

As argued for by the Club of Rome since 1972.

Ecology

Economy   Social balance

As argued for by the Rio Summit 1992, following 20 years of international debate.

Aufgrund naheliegender Überlegungen ist nun das Nachhaltigkeitsdreieck, sofern »Economy« mit Marktwirtschaft und / oder Wohlstand gleichgesetzt wird, identisch mit Ökosozialer Marktwirtschaft. Das ist gerade die sogenannte Fundamentalidentität, die als zentrales Begründungskonstrukt der ökosozialen Bewegung gesehen werden kann. Es gilt:

Markt (beziehungsweise Wohlstand) + **Nachhaltigkeit = Ökosoziale Marktwirtschaft**

Warum kann dies so klar beantwortet werden? Der tiefere Grund liegt in der Konstruktion der Ökosozialen Marktwirtschaft in direkter Korrespondenz zu den Anforderungen von **leistungsfähigen Marktsystemen** einerseits und von **Nachhaltigkeit** andererseits. Die Fundamentalidentität (vgl. hierzu den Tandemtext [56]) besagt, dass das ökosoziale Paradigma identisch ist mit der Kombination der beiden Systemelemente **Markt** (beziehungsweise Wohlstand) einerseits und **Nachhaltigkeit** andererseits. In einem gewissen Sinne ist dieser Zusammenhang fast tautologisch. Ein leistungsfähiger Markt ist im Gegensatz zu Planwirtschaft und Kommunismus das System, das Wohlstand hervorzubringen in der Lage ist [62, 75]. Das hängt wesentlich an der **Innovationskraft** von Märkten [104]. Märkte bestehen aus Wettbewerb (zur Effizienzsicherung) und Regelsetzung (zu Zwecken der Zielerreichung). Ein Markt heißt ökosozial, wenn die Gesamtheit der Regulierungen, Incentives und ethischen Verhaltensweisen als Ziel langfristig Nachhaltigkeit in ökonomischer, sozialer und ökologischer Sicht hervorbringt, und dies weltweit und unter Einschluss inter- und intragenerationeller Gerechtigkeitsanliegen. Die aktuellen Verhältnisse sind offensichtlich nicht so: zwar marktbasiert, aber **nicht nachhaltig**, eher das Gegenteil – auf dem Weg ins Desaster.

Weltweite Ökosoziale Marktwirtschaft übersetzt sich aufgrund des Gesagten in ein ähnliches Dreieck wie Nachhaltigkeit und ist bei entsprechenden Reformen der vorhandenen Institutionen und Regelwerke als globaler Ordnungsrahmen auch umsetzbar, das heißt, es handelt sich bei Wohlstand für zehn Milliarden Menschen und Nachhaltigkeit für zehn Milliarden Menschen glücklicherweise nicht um unvereinbare Zielsetzungen. Dies trifft zu unter der Voraussetzung, dass sich die Staaten zu einer geeigneten koordinierten Vorgehensweise in Richtung auf die Etablierung einer weltweiten Ökosozialen Marktwirtschaft durchringen können.

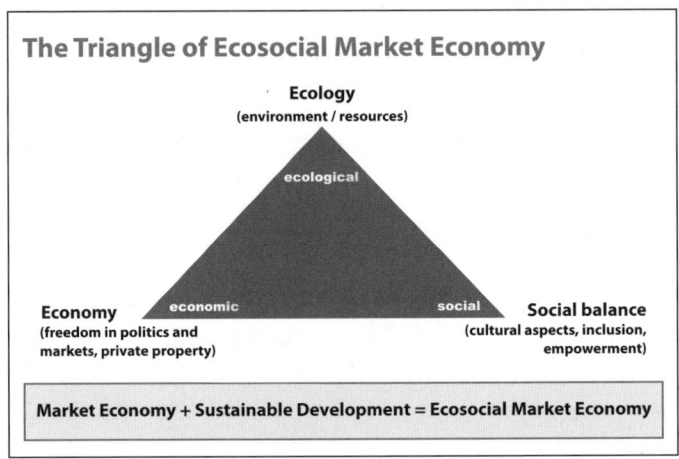

Ökosoziale Marktwirtschaft bedeutet eine Arbeitsteilung zwischen Politik und Wirtschaft. Politik setzt Rahmenbedingungen, Wirtschaft organisiert Wertschöpfung unter diesen Rahmenbedingungen. Dies soll zum Wohle aller Menschen weltweit, heute und morgen passieren. Dazu **braucht Politik Werte** – und **Werte brauchen Politik**. Und Demokratie kann dies umsetzen.

Politik ohne klare Wertorientierung erschöpft sich nämlich leicht in Pragmatismus und hektischer Tagesaktivität. Werte und Visionen ohne die entschlossene Kraft politischen Handelns und wertorientierter Gestaltung bleiben meist Utopien und Träumereien. Die weltweite Ökosoziale Marktwirtschaft setzt Werte in Politik um, nämlich über durchsetzbare Regeln, Incentives und korrespondierende gesellschaftliche Kooperationsprozesse, die in Richtung einer entsprechenden gelebten Ethik wirken. **Adam Smith** und seine »unsichtbare Hand« werden endlich wieder sachdienlich und nicht zerstörerisch wirksam, weil die Regeln stimmen. Und die Überlegungen von **Hans Küng** und der Weltethos-Bewegung werden politisch zur Basis von Märkten, die Ethik in gelebtes Handeln überführen – so wie vom **Global Society Dialogue** des Information Society Forums der EU zur EXPO 2000 gefordert (vgl. Kapitel 4).

Den politischen Verantwortungsträgern auf allen Gestaltungsebenen bietet sich heute in der Folge der Krise eine **einmalige Chance** für gemeinsames und zukunftsorientiertes Handeln, um die gemeinsamen Herausforderungen in den Bereichen Wirtschaft und Beschäftigung, soziale Gerechtigkeit und Überwindung der Armut sowie Schutz der Lebensräume und Bewältigung des Klimawandels zu bewältigen.

Der erklärte Wille des neuen US-Präsidenten, die Entschlossenheit einiger europäischer Regierungschefs (unter anderem Angela Merkel und Nicolas Sarkozy) und die Signale zur Entwicklung gemeinsamer globaler Strategien im Rahmen der **G 20** eröffnen eine Chance. Es ist aber vielleicht nur ein kurzes Zeitfenster, das uns zur Verfügung steht, um diese Chance zu nutzen, ähnlich wie bei der deutschen Wiedervereinigung, und dieses Zielfenster sollte unbedingt genutzt werden.

Das ist leichter gesagt als getan. Verwiesen sei auf die Probleme bei der Regulierung des Weltfinanzsystems und bei der Lösung der Weltklimafrage. Deutlich werden immer wieder die Schwierigkeiten der globalen Konstellation, verstanden als Herausforderung gegenüber dem nationalen Kontext. Es geht nämlich um die Ökologie in der ganzen Welt, ohne die die Menschen auf Dauer überall keine Zukunft haben. Gerade bezüglich der Klimakatastrophe deutet sich an, dass wir scheitern können – **KOLLAPS** [17]. Es geht zugleich um das Soziale, etwa den Unterschied zwischen Arm und Reich – ein großes weltweites Thema angesichts von **24.000 Verhungernden pro Tag**. Weiter geht es um eine Ökonomie, die die vorhandene Mangelsituation vor allem auch durch immer neue Innovationen zu überwinden helfen soll. Aber die Frage ist, wie das global aussehen könnte, wie Konsens zu finden ist bei unterschiedlichen Interessenlagen und bei unterschiedlichen Machtverhältnissen.

In diesem Kontext ist auch die **kulturelle Sphäre** als Teil der Nachhaltigkeitsdiskussion von großer Bedeutung [97, 98, 108, 170]. Sie spielt daher in der Diskussion über die weltweite Ökosoziale Marktwirtschaft eine große Rolle. Exemplarisch sei erneut auf die Seattle Declaration des Information Society Forums der EU aus dem Jahr 1999 (vgl. Kapitel 3) verwiesen, ein wichtiger kritischer Input in ein gigantisches Fiasko der WTO und mit ihr des Freihandelsparadigmas, das mittlerweile große Veränderungen erfahren hat (siehe Äußerungen von

Pascal Lamy in Kap 6), ähnlich wie übrigens der desaströse **Washington Consensus** von IWF und WB, seit Langem Zielscheibe grundsätzlicher Kritik, zum Beispiel durch den Nobelpreisträger für Wirtschaft **Joseph E. Stiglitz** [146, 147].

Die volle Wahrnehmung der Bedeutung der kulturellen Seite der Nachhaltigkeit hat nach dem **11. September 2001** in der Debatte über einen **Clash of Civilizations** ständig an Gewicht gewonnen [131, 132]. In einem gewissen Sinne ist *Kultur mehr als das Soziale* [97]. Manche in einer Pro-Kopf-Betrachtung durchaus als sozial ausgewogen akzeptierten Verhältnisse sind kulturell nicht akzeptabel, wenn beispielsweise die Schlechtergestellten weit überwiegend bestimmten kulturellen Kontexten (zum Beispiel Religion, Hautfarbe, Sprache, Ethnie und Geografie) zugeordnet werden können, die Gewinner anderen. Insofern ist die kulturelle Thematik auch bereits in Bezug auf Verteilungsfragen mehr als das Soziale. Man spricht dann oft von Kultur als vierter Dimension der Nachhaltigkeit. Es werden dann auch Fragen aufgeworfen, ob die Politik oder Demokratie oder intra- oder intergenerationelle Gerechtigkeit explizit als Teil der Nachhaltigkeit genannt werden sollen. All das ist von ebenso großer Bedeutung wie Klima und Energie. Aber in der Regel sind es Querschnittsthemen, die Ökologie, die Wirtschaft und das Soziale gleichzeitig betreffen.

Kultur lässt sich schließlich in einem weiteren Sinne wie **Zivilisation** als Oberbegriff sehen. Alle soeben genannten Themen würden dann im Kontext der Zivilisationen beziehungsweise Kulturen gesehen. Und von den Kulturen und Zivilisationen her würde das Dreieck der Nachhaltigkeit austariert. Dies ist die Sicht der Autoren wie auch des **Weltkulturforums in Dresden**, in dem der erste Autor aktiv mitwirkt. Das WORLD CULTURE FORUM hat im Oktober 2009 ein **Dresdner Manifest** – Zehn Wünsche und Forderungen an die Regierungschefs der G-20, als Abschlusscommunique kommuniziert, das sich angesichts der Krise wie ein **Ökosoziales Manifest** liest. Es ist im Folgenden in Auszügen wiedergegeben [170].

Das WORLD CULTURE FORUM thematisiert seit 2007 die Rolle der Kulturen beziehungsweise Zivilisationen als Letzt-Orientierungssysteme für die Organisation des Zusammenlebens der Menschen und Völker. Der Kulturbegriff des Forums umfasst dabei unsere verschiedenen Kulturen und Zivi-

*lisationen in einer integrativen Sicht. Zugleich mobilisiert das Forum das Po-
tenzial des kulturellen Sektors im engeren Sinne als wirkungsvollen Trans-
formationsmechanismus für ein verändertes Denken.*

Schon vor der aktuellen Weltfinanz- und Weltwirtschaftskrise hat sich das
WOLRD CULTURE FORUM für eine Neuverortung der ökonomischen
Sphäre als Teil der Kultur eingesetzt, ganz in der Tradition des Club of
Rome, der Welt-Ethosbewegung und der Goi Peace Foundation.

Teil 1: Thematische Positionierung

1. Kulturen als Letztinstanz

Kulturen beziehungsweise Zivilisationen sind die Letztinstanz für die Regelung des Zusammenlebens der Menschen und Völker. Sie klären Fragen
der Werte, der Ethik und des Ausbalancierens unterschiedlicher Kräfte
und Antriebe. Sie klären, was letztlich die zentralen Anliegen von Gesellschaften sind und mit welchen Mechanismen diese verfolgt werden.

2. Zentrale Prinzipien

Zentrale Prinzipien, die sich in allen großen Kulturen und Zivilisationen
entwickelt haben, betreffen das Wechselspiel von Freiheit und Solidarität,
die universellen Menschenrechte, die Verantwortung für die Natur und
die ganze Schöpfung, die Sorge um die Würde aller Menschen, Fragen der
Gerechtigkeit und der Verantwortung innerhalb und zwischen Generationen, die Freude am Tun und die Freude am Leben.

3. Zur Rolle der Ökonomie

Das Ökonomische ist ein wesentlicher Teil aller Kulturen und Zivilisationen. Es liefert Güter und Dienstleistungen als Basis für unser Leben und
für Entwicklungen, eröffnet Felder der Betätigung, gibt Raum für Arbeitsteilung, Kooperation und Konkurrenz, befördert Innovation, schafft Sicherheit im Lebensalltag und eröffnet Zukunftschancen.

4. Erforderliche Grenzen für die Ökonomie

Bei aller Bedeutung des Ökonomischen bleibt dieses dennoch nur Teil der Kultur, so wie das Zusammenleben, die Reproduktion, die Künste, die Wissenschaft, die Medien. Und aus der Kultur müssen die »Leitplanken« gewonnen werden, um das Ökonomische immer wieder in die richtigen Bahnen zu lenken. Die zunehmende Dominanz enger und einseitiger ökonomischer Maßstäbe für immer weitere Bereiche des Lebens hat die Welt in der jüngeren Zeit an den Abgrund gebracht – schon lange vor der aktuellen Weltfinanz- und Weltwirtschaftskrise.

5. Eine zukunftsfähige Ordnung für die Weltökonomie

Für eine zukunftsfähige Ordnung der Weltökonomie bieten sich Erfahrungen erfolgreicher Nationalstaaten so wie der Nachhaltigkeitsbewegung an. Es gilt, durch durchsetzbare Regeln, Anreize und Sanktionen eine zukunftsfähige Balance zwischen den Bereichen Ökonomie, Ökologie und Soziales nachhaltig zu sichern. An die Stelle von Selbstregelung und freier Eigensteuerung der Märkte im marktfundamentalistischen Sinne muss eine weltweite ökologisch-sozial regulierte, nachhaltige Marktwirtschaft treten: ökosozial statt marktradikal!

Teil 2: Die G-20 als Hoffnungsträger

6. Die neue Rolle der G-20 ist ein großer Fortschritt

Das WORLD CULTURE FORUM begrüßt den in Pittsburgh verabredeten Entschluss der Staatenwelt, die G-20 anstelle der G-8 zur wesentlichen Koordinierungsinstanz aller weltweiten Fragen zu machen, die mit Ökonomie, Finanzen, Ressourcen et cetera verknüpft sind – natürlich in Wechselwirkung mit den Vereinten Nationen. Das ist für die Welt ein Schritt von epochaler Bedeutung, das vielleicht wichtigste und bleibende Resultat der aktuellen schweren Krise.

7. G-20 und Weltdemokratie

Eine gute Zukunft für die Menschen gibt es auf diesem Globus nur gemeinsam oder überhaupt nicht. Partizipation aller, aufmerksamer Dialog und faire Berücksichtung aller in Bezug auf die Regelung von Fragen weltumspannender Bedeutung sind dafür die Voraussetzung. Mit der Etablierung der Verantwortung der G-20 für alle Regelungsbereiche des Zusammenlebens der Menschen und Völker ist aus Sicht des WORLD CULTURE FORUMS ein wichtiger Schritt in Richtung von mehr Demokratie auf Weltebene erfolgt. Zwei Drittel der Menschen und über 90 Prozent der Weltwirtschaftsleistung sind damit an entscheidender Stelle vertreten.

8. Kritische Themen adressieren

Das WORLD CULTURE FORUM begrüßt den Mut der G-20, sofort zentrale Themen anzugehen, die verdeckte Interessen betreffen, die sich geschickt hinter scheinbar wissenschaftlich oder sogar naturwissenschaftlich abgesicherten Tabus zu verstecken wussten. Endlich wird offensiv über die Einhegung von Steuerparadiesen, die Besteuerung weltweiter Finanzaktivitäten und die Verhinderung sachlich nicht begründeter Bereicherungsprozesse durch bestimmte Akteure in Schlüsselpositionen diskutiert. Hier muss die G-20 weiter vorangehen – weil es gerecht ist, aber auch deshalb, weil anders die Entschuldung der Staaten und die Finanzierung von weltweitem Umwelt- und Klimaschutz nicht geleistet werden kann.

9. Mutig vorangehen

Das WORLD CULTURE FORUM fordert die Regierungen der G-20-Staaten auf, mutig weiter voranzugehen – wir brauchen die G-20 zur Koordinierung weltweiter Prozesse! Die Welt wartet deshalb auf Ihr Handeln! Ersetzen Sie Marktfundamentalismus durch eine weltweite ökologisch-sozial regulierte Marktwirtschaft. Argumentieren Sie für eine gemeinwohlverpflichtete Ausgestaltung des Eigentumsbegriffs in weltweiter Perspektive, regulieren Sie konsequent den Finanzsektor, adressieren Sie Fragen der Besteuerung mit Blick auf weltweite Wertschöpfungsprozesse, machen Sie Nachhaltigkeit zu einer Schlüsselforderung, engagieren Sie sich für eine parlamentarische Versammlung bei den Vereinten Nationen, fördern Sie die Idee von Muhammad Yunus für ein Sozialunternehmertum als weitere Säule des Ökonomischen, unterstützen Sie Transparency International bei der Bekämpfung der Korruption und sichern Sie die volle Umsetzung der Millenniumsentwicklungsziele der Vereinten Nationen.

10. Alte Fragen neu stellen

Das WORLD CULTURE FORUM fordert die Regierungen der G-20-Staaten auf, etablierte Denkgewohnheiten konsequent zu hinterfragen. Wo verbergen sich Partikularinteressen hinter Tabus? Wo finden wir die wirklich relevanten Maßstäbe? Von Seiten des WORLD CULTURE FORUMs sind wir davon überzeugt, dass wir die entscheidenden Erfahrungen in den großen Kulturen und Zivilisationen finden. Ihre Substanz in jedem Einzelfall und der Grad an Kohärenz zwischen ihren verschiedenen Manifestationen sind glücklicherweise von so hoher Qualität, dass sie die Basis sein können für eine neue Zukunft in Balance. Wir können es schaffen, auch oder gerade in der Transformation durch die Kunst beziehungsweise der Kultur im engeren Sinne, die durch ihre Emotionalität als Kommunikationsplattform vermitteln helfen kann. Sie als Verantwortliche auf G-20-Ebene sind in einer Schlüsselposition bezüglich der Gestaltung der Welt, in einem Augenblick höchster politischer Signifikanz.

Schlussbemerkung

Die aktuelle Situation ist extrem schwierig und kritisch. Aber in jeder Krise liegt auch eine Chance. Wo die Bedrohungen wachsen, wächst auch das Rettende. Es geht heute darum, die Weltökonomie als Teil einer zu schaffenden, zukunftsfähigen neuen Zivilisation der ganzen Welt adäquat zu regulieren. Nach Regeln der Nachhaltigkeit, der Demokratie, der Verantwortung, der Gerechtigkeit und der Freiheit.

Die Erfahrungen der großen Zivilisationen und Kulturen sind ein guter Kompass auf dem Weg in eine bessere Zukunft.

WORLD CULTURE FORUM Initiative für ein Bündnis »Kultur in Balance«

9 Soziale Balance schafft Akzeptanz und den höchsten Wohlstand

Wie hatten bereits in Kapitel 5 darauf hingewiesen, welche große Bedeutung für die ökosoziale Bewegung der (richtig verstandene) soziale Ausgleich hat. Dieser betrifft **Chancengleichheit** ebenso wie **Freiheitsvoraussetzungen** im Sinne des Nobelpreisträgers für Wirtschaft, **Amartya Sen**, also zum Beispiel gute Ausbildung für alle (vgl. hierzu [1]), Gesundheitssegment, Rentensystem, Schutz vor Not, **leistungsfähige Institutionen** [131, 132]. Denn genau das schafft Wohlstand. Sozialer Ausgleich ist also kein Luxus, den sich (nur) reiche Staaten leisten können. Richtig austariert ist er die Basis für **Wohlstand** und **Wachstum**. Und Unternehmen sollten das würdigen und auch für die Ärmsten produzieren, so wie das *C. K. Prahalad* in seinen Arbeiten über den »**Sockel der Pyramide**« überzeugend dargestellt hat [92, 93].

Wie kann man mathematisch geeignet die Ungleichheit im sozialen Bereich beschreiben, und wie sieht eine gedeihliche Balance zwischen Reich und Arm aus? Gemäß den Arbeiten des ersten Autors im Kontext des EU Information Society Forum, des Forum Info 2000 / Forum Informationsgesellschaft der Bundesregierung und den in diesem Kontext mit Förderung der EU bearbeiteten großen Forschungsprojekten ASIS [2] und Terra 2000 [80], ist die Aussage wie folgt:

Im Kern läuft ein vernünftiger sozialer Ausgleich darauf hinaus, dass man dafür sorgt, dass die Schwächsten 80 Prozent in einer Bevölkerung (nach Steuern, entsprechenden Transfers und innerfamiliärem Lastenausgleich) mindestens über die Hälfte des Durchschnittseinkommens verfügen. Das entspricht in etwa der europäischen Armutsdefinition, das entspricht einem **balancierten Niveau sozialen Ausgleichs**.

Sozialer Ausgleich bedeutet dabei nicht primär die Finanzierung einer »sozialen Hängematte« im Sinne einer Alimentierung von »Leistungsverweigerern«, sondern, wie schon von Ludwig Erhard herausgearbeitet, aller Investitionen in Bildung und Entwicklung, aller humanen Potenziale, ganz im Sinne der Überlegungen der Nobelpreisträger Sen und Yunus. **Muhammad Yunus** hat beispielsweise gezeigt, dass Kleinkreditprogramme einen wesentlichen Beitrag zur Überwindung der Armut leisten [144, 172, 173, 174]. Dies kostet nicht einmal viel Geld. Es gibt aber Menschen Ansatzpunkte, ihr eigenes Projekt zu betreiben. Die Überlegungen von Hernando de Soto [15] zeigen in diesem Kontext die Bedeutung der **Formalisierung von Eigentum** und der **Effizienz von Verwaltungen**, ebenso eine ökosoziale Grundsatzposition. Die Genossenschaftsidee zeigt das Potenzial von Kooperationen, C. K. Prahalad zeigt die ökonomischen Potenziale im Marktsegment der Armen einerseits und die fördernde Wirkung des Ökonomischen für die armen Teile der Weltbevölkerung (bottom of the pyramid) andererseits auf [92, 93], während **Transparency International** [153] deutlich macht, wie wichtig es ist, gegen Korruption vorzugehen.

Sozialer Ausgleich besteht aber zunächst darin, eine Bevölkerung auf ein **hohes Ausbildungsniveau** zu bringen und ihr den Zugang zu einer vernünftigen Infrastruktur zu eröffnen. Das muss auch die Kinder ärmerer Eltern einschließen, was notwendigerweise eine substanzielle Querfinanzierung über das Ausbildungssystem und seine Finanzierung beinhaltet. Das ist der vielleicht wichtigste Beitrag des sozialen Ausgleichs. Die Größenordnung der erforderlichen Investitionen sind sehr eindrucksvoll in der schon diskutierten Studie der Herrhausen-Stiftung beschrieben [1]. Als Folge entfaltet dann zusätzlich das ökonomische Argument seine Wirkung, dass Gehirne, in die man so viel investiert hat, zu wertvoll sind, um sie an Husten sterben zu lassen – weshalb eine Gesellschaft, die die gesamte Bevölkerung gut ausbildet, diese dann auch auf ein **vernünftiges Gesundheitsniveau bringen und dort halten muss**. Dies bedeutet unter anderem wieder eine vernünftige Gesundheitsversorgung für den relativ ärmeren Teil der Bevölkerung, was erneut ein Querfinanzierungselement beinhalten muss. Damit ergibt sich eine weitere Konsequenz: Wenn nämlich die gesamte Bevölkerung gut ausgebildet und auch noch gesund ist, dann wird sie alt, eine weitere Konsequenz von sozialem Ausgleich. Das führt zu den zentralen sozialen Herausforderungen aller reichen Länder, vor allem im Finanzierungsbereich, die zugleich zu den größten Erfolgen dieser Staaten korrespondieren: zu gut ausgebildeten Bevölkerungen, die gesund sind, mit Infrastruktur ausgestattet und alt werden [90, 97, 108, 110].

Jedenfalls gibt es kein reiches Land auf diesem Globus, bei dem (nach entprechenden Transfers und Umrechnungen) der reichste Teil, die Reichsten 20 Prozent, mehr als die Hälfte (50 Prozent) des Einkommens bei sich allokieren würde. Und in vielen der erfolgreichen Länder, vor allem Deutschland, Italien, Österreich, Nordeuropa, Japan, Kanada, Finnland, ist der Wert noch deutlich niedriger (etwa 40 Prozent). Das heißt, dass ein hoher sozialer Ausgleich im Sinne einer begrenzten Allokation von Einkommen an der Spitze der Pyramide offenbar eine notwendige (wenn auch nicht hinreichende Bedingung) dafür ist, dass ein Land reich ist (im Sinne eines hohen Bruttoinlandprodukts pro Kopf). Und das heißt auch Folgendes: So wahr es ist, dass sich Leistung lohnen muss, so falsch wäre es doch, wenn zu viel an der Spitze landet – hier stehen die **lateinamerikanischen und afrikanischen Länder als abschreckende Beispiele**. Nirgendwo sammelt sich in relativer Betrachtung so viel an der Spitze an wie dort. Da lohnt sich (in relativer, teils auch in absoluter Betrachtung) Spitze wirklich. Aber die Länder sind zum Teil bitterarm.

Die hier vertretene Position, die in den bereits erwähnten EU-geförderten Projekten ASIS und TERRA 2000 entwickelt wurde [2, 80, 90], findet sich in ähnlicher Form in einer neuen Publikation aus dem Club of Rome-Umfeld [59], wie in einem aktuellen Bericht des United Nations University World Institute for Development Economics Research [156]. Sie hat ferner in jüngerer Zeit eine **wirkungsvolle Unterstützung durch die wichtige Publikation** [168] aus dem angelsächsischen Raum bekommen. **Wilkinson** und **Pickett** untersuchen dort den Erfolg von Gesellschaften innerhalb der OECD. Inwieweit verbessert oder verschlechtert höhere soziale Spreizung die Lebenssituation von Menschen in einem Staat? Die Befunde in [168] sind eindeutig. Die Höhe des BIP eines Landes spielt in dieser Liga keine bestimmende Rolle mehr für die Zufriedenheit der Menschen. Und betrachtet man sozial relevante Parameter von Kindersterblichkeit bis Übergewicht, von Gewalttätigkeit bis Gefängnisaufenthalt, von Teenagerschwangerschaften bis zur mangelnden Lebensfreude und Zukunftssicherheit sowie fehlendem Vertrauen zu anderen Menschen, so schneiden in all diesen wenig erfreulichen Dimensionen sozial weniger balancierte Staaten schlechter ab als sozial balancierte Staaten, **angelsächsische Staaten schlechter als kontinentaleuropäische.** Der permanente Druck zur Erhöhung des Einkommens bei zunehmend unsicherer Perspektive über die Zukunft schafft für die meisten Menschen wenig angenehme soziale Verhältnisse – keine gute Perspektive und keine gute Zukunft, übrigens nicht anders als bei zu weitgehendem Ausgleich und/oder Planwirtschaft. Die zentrale Herausforderung besteht in der **Herbeiführung von Balance** in einer sich ständig ändernden Welt [16, 17, 56, 59, 61, 90, 168].

Aus all dem folgt eine Grundsatzposition der ökosozialen Bewegung: Sie geht über die verbale, nicht-quantifizierte Forderung nach sozialem Ausgleich hinaus. So wie wir im Umweltbereich quantifizieren, so sollten wir das auch im Sozialbereich tun!

Wir fordern im Rahmen einer Ökosozialen Marktwirtschaft **quantitativ balancierte Sozialverhältnisse** in der Wirtschaftsverfassung vom Typ eines balancierten Ausgleichs zwischen 50 Prozent ≤ Ausgleichsfaktor ≤ 65 Prozent, und zwar als Erweiterung des »magischen Vierecks in der Volkswirtschaftslehre«, das im deutschen Stabilitätsgesetz von 1967 verankert ist.

10   Was droht, wenn die ökosoziale Wende nicht gelingt?

Schauen wir uns noch einmal das Dreieck der Ökosozialen Marktwirtschaft an, ihren Bezug auf die Marktwirtschaft, auf die Ökologie, auf das Soziale. Wir können uns fragen, was passiert, wenn man eine dieser drei Dimensionen vernachlässigt. Nachhaltigkeit betrifft die **Balance**. Metaphorisch gesehen: Ein Tisch auf drei Beinen steht stabil. Was passiert, wenn eines der drei Tischbeine wegbricht? Wir betrachten die drei Ecken der Reihe nach und zeigen die Problematik jeweils in einer entsprechenden Darstellung. Dies wird wegen der Bedeutung dieses Themas für das vorliegende Buch im Wesentlichen aus »Ökosoziale Marktwirtschaft: Ideen, Bezüge, Perspektiven« [56] übernommen.

1   Ökologischer Kollaps

Eine massive Vernachlässigung der ökologischen Anliegen, des Umweltschutzes und des Ressourcenschutzes hat auf lange Sicht katastrophale Wirkungen. Letztlich landet man in einem **ökologischen Kollaps**. Hier spielt die **Nicht-Linearität** vieler ökologischer Phänomene eine Rolle. Überstrapaziert man Ökosysteme, dann kann man, wenn der Schock eingetreten ist, nicht einfach zum Status quo zurückkehren. Oft geht die Zerstörung so weit, dass man niemals mehr das frühere Niveau erreicht. Das kennt man von den **Verkarstungen von Böden**, das kennt man aus **sich selbst verstärkenden Effekten im Klimabereich**. Sind die Geister einmal losgelassen, dann bekommt man sie nie mehr eingefangen. Insofern spielt es eine große Rolle, ob man gewisse absolute Grenzen der Belastung verwirklicht oder nicht, wie im Konzept der Planetengrenzen gezeigt (vgl. Kapitel 6). Sie nicht zu respektieren wird teuer – zu teuer. Aus dieser Sicht gewinnt das sogenannte **Vorsorgeprinzip der Umweltbewegung** seine Bedeutung. Was passiert, wenn man es falsch macht, wenn man die Umwelt vollkommen überbelastet, wenn man seine Ressourcenbasis überstrapaziert? Das lässt sich sehr schön studieren am Schicksal der **Osterinsel**. Eine Gesamtdarstellung findet sich in dem Buch »Kollaps« von Jared Diamond [17]. Für Kollaps auf Weltebene wird hier eine Wahrscheinlichkeit von 15 Prozent angesetzt. Ein **Desaster**.

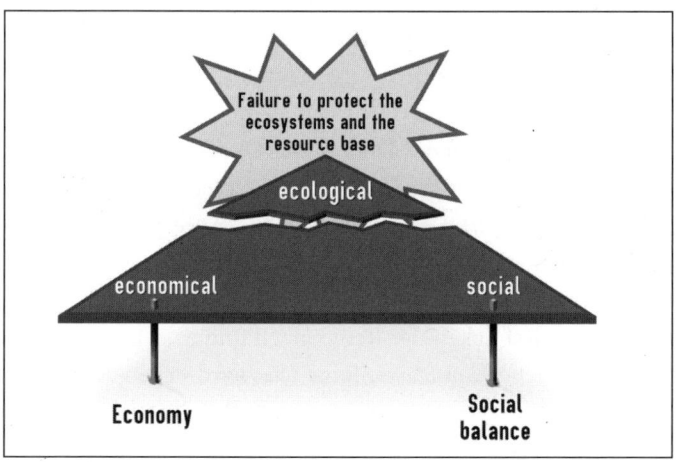

2   Vernachlässigung der sozialen Seite

Das zweite angesprochene Szenario betrifft die wohl am häufigsten vernachlässigte Dimension der Nachhaltigkeit: die soziale Balance. Viele wirtschaftsorientierte Fachleute argumentierten für eine konsequente Förderung der Wirtschaft, auch für konsequenten Umweltschutz – aber in der sozialen Frage sind sie blind. »Sozial ist, was Arbeit schafft« ist eine gern genutzte Formel. Ja, das ist richtig, wenn die Entlohnung und die Arbeitsbedingungen stimmen, wenn der Betrieb seine Steuern zahlt et cetera. **Working Poor** sind keine Lösung.

Ansonsten gilt: Wenn eine kleine Elite in staatlich regulierten Märkten die meisten Menschen als Unterklasse »einmauert«, dann kann sie gegebenenfalls mit Gewalt den Schutz der Umwelt und der Ressourcenbasis zulasten der großen Mehrheit der Bevölkerung durchsetzen. Dies kann eine Zukunft für die ganze Welt werden: eine Zweiklassengesellschaft, durchgesetzt über Kontingentierung knapper Ressourcen. Wenn 95 Prozent der Menschen weltweit kein Fleisch mehr essen, kein Benzin mehr bekommen und in ungeheizten Räumen leben, etwa weil Energie knapp ist beziehungsweise exorbitant teuer, werden Umwelt- und Ressourcenbasis besser geschützt, allerdings um den Preis sozialer Degradierungen.

Die entsprechende Struktur wird als **neofeudal** oder auch als **Brasilianisierung** bezeichnet. Es ist allerdings eine spezielle Form von Brasilianisierung, nämlich Brasilianisierung bei funktionierenden Märkten und deshalb punktuellem Wohlstand. Es ist ein **Armutsregime** für die große Mehrheit der Bevölkerung unter Bedingungen von Märkten zugunsten einer Elite. Die Wahrscheinlichkeit hierfür wird auf 40 Prozent geschätzt. Dieses Gesellschaftsmodell reduziert Arbeitnehmerqualifikation gegenüber dem Status quo massiv. Weniger Automatisierung und mehr körperliche Arbeit sind zu erwarten. Es ist dies ein Konzept, das sehr viel personennahe, schlecht bezahlte Dienstleistung beinhaltet.

In manchem erinnert es an **alte Plantagenwirtschaften**. Es ist die typische Struktur von Zweiklassengesellschaften, aber durchaus eine Struktur, die für Eliten höchst attraktiv sein kann. Die damalige Struktur, wie die heute drohenden Fehlentwicklungen, sind Strukturen eines **neofeudalen Charakters**, die in der Regel auch die **Demokratie ausheben** [52, 53, 54, 55]. Die Demokratie wird dann bestenfalls degradiert zu einer formalen Hülle. Sie ist nicht im Interesse der großen Mehrheit der Menschen wirksam, da die Ausbildung der meisten schlecht ist, ihre finanzielle Basis ebenso, und da Partizipation für die meisten ein Traum bleibt – die Realität sieht anders aus.

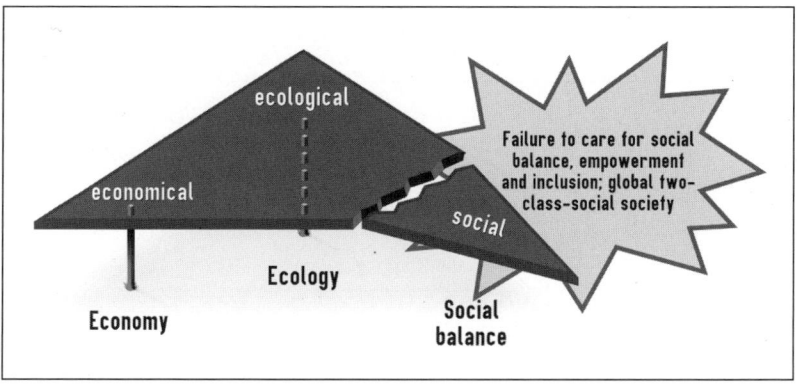

3   Wegbrechen der Marktdimension

Ein sehr extremes drittes Szenario des Versagens der Nachhaltigkeitsbalance ist das **Wegbrechen der Marktseite** im Kontext der Nachhaltigkeit. Auch das ist ein mögliches Szenario für die Zukunft. Hier würde man in einer planwirtschaftlichen Situation rigide die Umwelt schützen und das wenige, was dann noch produziert wird, einigermaßen sozial gerecht verteilen. Es ist dies ein sozialer Ausgleich auf einem niedrigen Niveau des Lebensstandards, weit unterhalb der bestehenden Möglichkeiten, organisiert über einen planwirtschaftlichen, möglicherweise kommunistischen Prozess, unter Umständen unter Nutzung von **Bezugsmarken** in Bereichen, die den Zugriff auf knappe Ressourcen beinhalten. Dies ist auch eine Form der Brasilianisierung, eine Brasilianisierung in extremer Armut ohne Eliten eines neofeudalen Typs. Dafür gibt es sehr wahrscheinlich eine Nomenklatura des politischen Systems. Die Wahrscheinlichkeit hierfür wird auf etwa zehn Prozent geschätzt.

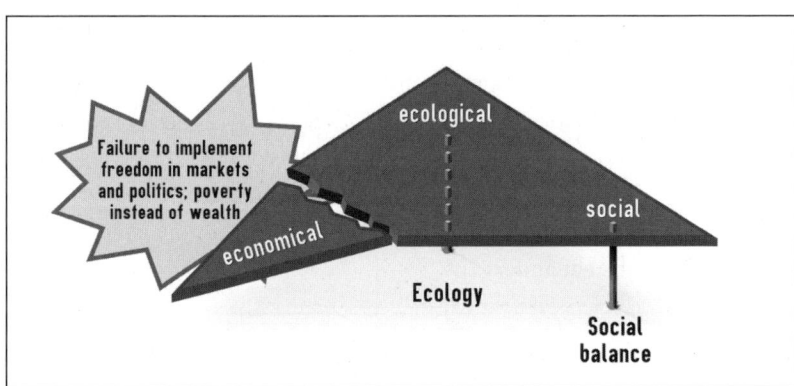

11 Global Marshall Plan – Schritte in die richtige Richtung

Global Marshall Plan für eine weltweite Ökosoziale Marktwirtschaft: Win-Win-Strategie im Interesse aller

Seit 2003 gibt es das Projekt »Global Marshall Plan für eine weltweite Ökosoziale Marktwirtschaft« als Initiative aus der mitteleuropäischen Zivilgesellschaft heraus. Der Weg dahin wurde in Kapitel 4 beschrieben (vgl. auch [3, 40, 41, 45, 46, 86, 98, 108, 116, 118, 119, 122, 143]). Ziel dieses Projektes ist letztlich ein »fairer Weltvertrag« im Interesse aller Beteiligten [33]. Es ist dies ein wesentlicher Schritt zur Beförderung des Ziels einer **weltweiten Ökosozialen Marktwirtschaft** [87]. Die Koalition, die dies in Gang gesetzt hat, hatte sich im Umfeld der EXPO 2000 formiert. Die Autoren sind wesentlich an diesem Weg beteiligt, vergleiche hierzu auch die Darstellung in Kapitel 4. Konkret geht es um die Zusammenführung von zwei globalen Strategien mit dem Ziel einer weltweiten Win-Win-Strategie:

- Faire Entwicklungschancen für alle
- Fairer Wettbewerb für alle

Die Zusammenführung dieser beiden globalen Strategien macht den besonderen Mehrwert dieses Konzeptes gegenüber ähnlich orientierten Initiativen aus. Im Prinzip handelt es sich um ein Zwei-Säulen-Modell als globale Erfolgsstrategie im Interesse von Süd und Nord.

Es geht um einen neuen globalen Ordnungsrahmen im Sinne eines fairen **»Global Contract«** [22, 33, 97] mit den beiden Säulen:

1. Säule: Faire Entwicklungschancen für alle = Global Marshall Plan
2. Säule: Faire Spielregeln für die Weltwirtschaft = Weltweite Ökosoziale
   Marktwirtschaft

Im Einzelnen geht es beim **Global Marshall Plan** um folgende vier Zielsetzungen:
a) Verstärkte Anstrengungen zur fristgerechten Realisierung der UNO-Ent-
   wicklungsziele aus dem Jahr 2000. Demnach sollen bis 2015 folgende Ziele
   realisiert werden: Halbierung der extremsten Armut; Grundschulbesuch
   für jedes Kind; Gleiche Rechte für Frauen und Männer; Senkung der
   Kindersterblichkeit auf ein Drittel; Verbesserung der Gesundheit von
   Müttern; Trendumkehr bei HIV/AIDS, Malaria et cetera; Trendumkehr
   bei Umweltschutz und Ressourcenverbrauch; Zugang zu gesundem Trinkwasser; Globale Entwicklungspartnerschaft.
b) Aufbringung der dafür zusätzlich benötigten Mittel in Höhe von etwa 100
   Milliarden US-Dollar pro Jahr.
c) Innovative Mittelaufbringung durch Bereitstellung von 0,7 Prozent des BIP
   der Industriestaaten für Entwicklungszusammenarbeit und zusätzliche
   Mittelaufbringung durch neue weltweite Abgaben, zum Beispiel für
   Kapitaltransfers, Abgabe auf Kerosin, Zahlung für CO_2-Rechte et cetera.
d) »Hilfe zur Selbsthilfe« durch partnerschaftliche Zusammenarbeit, sowie
   strikte Anwendung des »Bottom-up-Prinzips« und Bekämpfung der
   Korruption [172].

Weltweite Ökosoziale Marktwirtschaft
a) Schaffung eines fairen Ordnungsrahmens für die globalisierte Wirtschaft
   durch Einbau von vergleichbaren/balancierten (ggf. entwicklungsstand-
   abhängigen) und gleich verbindlichen Sozial- und Umweltstandards in alle
   globalen Institutionen und Vereinbarungen (WTO et cetera) zum Schutz
   für Mensch und Umwelt weltweit.
b) Durchsetzung von Prinzipien für faire und vergleichbare Steuersysteme
   weltweit; Abstellung des Steuerentganges durch »Offshore-Bankplätze«,
   Steueroasen und Bilanzierungsgestaltungen sowie prinzipiell gleich hohe

Besteuerung von Einkommen aus Erwerbsarbeit beziehungsweise Kapital-veranlagung.

c) Faire Regeln für globale Finanzmärkte, um den Gefahrenpotenzialen durch Spekulation und immer gewagtere Finanzkonstruktionen wirksam begegnen zu können.

d) Das längerfristige Anliegen einer weltweiten Ökosozialen Marktwirtschaft ist die Entwicklung eines weltweiten Kohäsionsprinzips, ähnlich jenem der EU, als Ausgleich zwischen reicheren und ärmeren Regionen. Letztlich soll die soziale Balance im Sinne der in Kapitel 8 gegebenen Quantifizierung gelingen. Es geht um gelebte weltweite Partnerschaft und Solidarität. Ziel ist ein menschenwürdiges Leben für alle.

Funktionsfähige Global Governance

Ein Herzstück des Projektes Global Marshall Plan für eine weltweite Ökosoziale Marktwirtschaft ist die Entwicklung einer funktionsfähigen **Global Governance** als Voraussetzung für die Schaffung und Durchsetzung eines globalen Ordnungsrahmens. Die Global Marshall Plan Initiative geht davon aus, dass es durch eine Weiterentwicklung der bestehenden multilateralen Institutionen und globalen Vertragswerke nach den Grundprinzipien einer weltweiten Ökosozialen Marktwirtschaft möglich ist, eine funktionsfähige Global Governance im Sinne einer Weltinnenpolitik zu schaffen. Im Einzelnen geht es dabei vorrangig um folgende Punkte:

1. Die UNO reformieren und in ihrer Entscheidungsfähigkeit stärken, damit sie ihre Koordinationsfunktion für eine faire globale Gestaltung wahrnehmen kann.

2. Welthandelsorganisation, Internationalen Währungsfonds, Weltbank et cetera im Sinne der richtigen Balance zwischen Ökonomie, Ökologie und Sozialem neu gestalten und zu einem funktionierenden Gesamtsystem integrieren. Diese Institutionen könnten das wichtigste Instrument zur Durchsetzung einer weltweiten Ökosozialen Marktwirtschaft werden.

3. Insgesamt gilt: gleiche Prinzipien, gleiche Standards, gleiche Verbindlichkeit in allen globalen Institutionen, Vereinbarungen und Verträgen.

4. Es geht um die praktische Durchsetzung der Menschenrechte, die Respektierung der Würde jedes Menschen und um Toleranz.

»Die Welt steht an einer Weggabelung. Die eine Wegrichtung weist zu neuen Mauern, einer Politik des Misstrauens und dem Versuch des Stärkeren, zu dominieren. Die andere Wegrichtung ist geprägt vom Bewusstsein, dass wir uns die EINE Welt teilen müssen und deshalb Zusammenarbeit, Vertrauensaufbau und friedlichen Interessenausgleich brauchen – und auch starke multilaterale Institutionen, die sich um eine Weltinnenpolitik kümmern. Ich denke, dass wir vielleicht noch zehn Jahre Zeit haben, um den Weg einer kooperativen Weltstrategie zu festigen, bei dem ALLE Menschen gewinnen.«
(Der frühere Bundespräsident Horst Köhler am 01.03.2007, in Die Zeit)

Die Weiterentwicklung von der Sozialen Marktwirtschaft zur Ökosozialen Marktwirtschaft als praktikabler und durchsetzbarer Ordnungsrahmen für eine globalisierte Wirtschaft und eine immer mehr zu einer Schicksalsgemeinschaft zusammenwachsenden Menschheit ist eine Chance für die Bewältigung der großen Herausforderungen im 21. Jahrhundert. Sie erfordert parallel die Entwicklung eines veränderten Bewusstseins vieler Menschen im Sinne eines **planetarischen Bewusstseins** in der Tradition des Club of Rome. Das Thema Weltinnenpolitik hat im Übrigen viel Interesse gefunden. Wir zitieren beiliegend eine beeindruckende Positionierung von **Johan Galtung**, anerkannter Friedensforscher, vom 6. Dezember 2010 anlässlich eines Symposiums der Evangelischen Akademie Villigst vom 2. bis 5. Dezember 2010 in Schwerte zu Galtungs 80. Geburtstag, die angesichts der jüngsten Entwicklung in Nordafrika und auf der arabischen Halbinsel noch einmal an Bedeutung gewinnt.

Ladies and Gentlemen, Weltinnenpolitik – a term linked to the great Carl Friedrich von Weizsäcker – global domestic policy, needs concretization to move from policy to politics. We live in a world still to a large extent a state system«, based on the work of diplomats to »negotiate ratifiable agreements«, in Sir Harold Nicholson's admirably short formulation. The idea is to find some equilibrium balancing national interests – meaning those of the do-

minant nation in states–against each other, in a world anarchy. The count-less wars give testimony to the failure. Today the wars among states, like the revolts against colonialism, are decreasing. The state system, surviving in the biggest states, is fading out, as did the colonial system, even if surviving so far in the biggest empire, the US empire. Also fading out.

But nations, cultures built around shared world views including religi-on, shared language, shared vision of time–past, present, history, and space, with a geographical attachment–are increasing in salience. They challenge the states in which they are located, and they challenge each other; like right now in Iraq and Afghanistan (WASPs against Taliban). Nor is class fading out: the world upper classes enrich themselves in the financial system, greatly aided by the International Monetary Fund–and the world lower classes use the drug system for similar purposes, as acted out in Rio de Janeiro. Two perverse systems coming out of the absurdity of world hyper capitalism, sup-ported by a fading empire.

We need and deserve something better, nothing perfect, but much bet-ter. We cannot build globalization on such absurdities. And yet some kind of globalization is inevitable, built into new global modes created by means of transportation and communication. The basic key to global domestic po-litics is conflict resolution.

Which means respecting legitimate interests of all parties. And they are essentially two: humans, us, and the nature on which we depend. States, nations, classes, races are constructions.

If we want one nation, humanity, in one state, the world, then it has to rest culturally on some kind of world civilization and structurally on some-thing combining unity and diversity.

The world culture has to be based on what humans have in common: body, mind and spirit. And not on any one existing civilization, but on pik-king the best from all of them, in a process of mutual learning,

giving top priority to the basic human needs, for

* survival through empathic-nonviolent-creative conflict solution;
* wellbeing, like through a minimum living allowance for all;

identity, *respecting all world views that respect the others;*
freedom, *having options in choice of cultures and structures.*

The first two cater to the body, the third to the mind as a depository of what we have learnt and experienced, and the fourth to the spirit, to the unlimited creativity of the human species in reflecting on how it is programmed and can change the programs.

Based on the meta-right in Article 28 of the Universal Human Rights Declaration to live in domestic and world structures that make the realization of human rights possible, conflict resolution becomes a human right and duty. So does an economy where basic somatic needs are guaranteed– hence turn the bailout (of banks) versus stimulus (of a basic-needs oriented economy) around, 10:90, not 90:10. So do mutual respect, curiosity and learning through dialogues of civilizations. And so does a world federation, maybe of regions and big states. A unitary world state would impose the unity of one civilization on the rest, or a never-ending process to arrive at an acceptable combination. A world confederation or cooperative system has too little unity. Federation is the key.

Erweiterter Vorschlagskatalog

Die gemeinsamen Forderungen der Initiatoren der Global Marshall Plan Initiative sind zum Beispiel in »Mit einem Planetary Contract für eine Ökosoziale Marktwirtschaft weltweit Frieden, Freiheit und nachhaltigen Wohlstand ermöglichen« [41], »Welt in Balance: Zukunftschance Ökosoziale Marktwirtschaft« [42] und »Global Marshall Plan / Ein Planetary Contract« [98] dargestellt. Interessante Überlegungen zum Vorgehen, insbesondere Konditionierungen, finden sich in »Towards a Global Marshall Plan for Planetary Survival« [135]. Der Zusammenhang mit einem forcierten **weltweiten Weltaufforstungsprogramm** für fünf Millionen Quadratkilometer Wald, als interessanter Hebel zur Etablierung eines Programms vom Typ »Global Marshall Plan«, in diesem Fall finanziert von Organisationen, Unternehmen und Privatpersonen im Kontext eines Programms zur Ermöglichung von **Klimaneutralität**, findet sich in »Weltkli-

mapolitik nach Kopenhagen« [103]. In der Folge der Weltfinanz- und Weltwirt-
schaftskrise wird ein erweiterter Katalog von Forderungen im Rahmen eines
Global Marshall Plans diskutiert: »Global Impact – Der neue Weg zur globalen
Verantwortung« [110]. Die zentralen zehn Punkte sind nachfolgend aufgelistet:

- Unterstützung der 0,7-Prozent-Kampagne zur Förderung der
  Entwicklungszusammenarbeit.
- Lobbyarbeit für eine Parlamentarische Versammlung bei den
  Vereinten Nationen und für Weltbürgerrechte [6].
- Das Prinzip der Klimagerechtigkeit als Grundlage für ein
  funktionierendes globales Klimaregime [82, 83, 97, 163, 167].
- Einrichtung einer Weltsteuerbehörde.
- Internationale Harmonisierung der Steuerbemessungsbasis und
  der Besteuerung.
- »Einhegung« von Steuerparadiesen und Offshore-Handelsplätzen.
- Konsistente Regulierung des Weltfinanzsystems.
- Implementierung eines kohärenten Labelsystems für nachhaltige
  ökosoziale Standards bei der Herstellung von Produkten und Dienst-
  leistungen.
- Ein solches Labelsystem sollte die gesamte Wertschöpfungskette
  umschließen.
- Einleitung einer globalen Ökoeffizienzrevolution.

Mit dem Global Marshall Plan liegt ein Konzept für eine verbesserte weltweite Zusammenarbeit vor, ein Zwischenschritt auf dem Weg zu einer weltweiten
Ökosozialen Marktwirtschaft. Die Idee in die Welt gesetzt hat Al Gore in seiner wegweisenden Publikation »Wege zum Gleichgewicht« [46]. Die Global
Marshall Plan Initiative hat das Programm vielfach erweitert und breit kommuniziert. Aus jüngerer Zeit (Ende 2010) seien zum Schluss zwei wichtige Re-
ferenzen genannt. Bemerkenswert sind in diesem Kontext zwei Verlautbarun-
gen aus den letzten Wochen des Jahres 2010. So erklärte der **indische
Premierminister Manmohan Singh** in der taz [136]: »*Die Welt braucht eine
neue, große Idee. Eine Idee, die groß genug ist, die ganze Welt zu mobilisieren. So
wie es der amerikanische Marshallplan nach dem Zweiten Weltkrieg in Europa*

und Japan getan hat.« Und in einer Erklärung der Vollversammlung des **Zentralkomitees der deutschen Katholiken** (ZdK) vom 19. November 2010 zum Problem der globalen Ernährungsunsicherheit [174] lautet der letzte Punkt: »*Das ZdK unterstützt die Ziele der Global Marshall Plan Initiative zur weltweiten Verbreitung der Ökosozialen Marktwirtschaft auf Basis der UN-Millenniumsentwicklungsziele.*«

12 Ökosoziales Paradigma, Wachstumserfordernisse, doppelter Faktor 10*

Die Frage der **Limitation des Verbrauchs nicht erneuerbarer Ressourcen** und der **Begrenzung der Umweltbelastungen in einer globalen Perspektive** bei gleichzeitiger Ermöglichung eines **hohen Wachstums** tritt vor dem beschriebenen Hintergrund in das Zentrum aller Versuche zur Erreichung zukunftsfähiger Lösungen. Dabei hat der technische Fortschritt im Sinne Schumpeters [75] eine Schlüsselbedeutung und bildet eine der zentralen Begründungen für eine konsequente Marktorientierung. Wunschziel ist ein Faktor 10, also die Senkung der Umweltbelastungen pro produzierter Wertschöpfungseinheit auf ein Zehntel heutiger Werte (**Dematerialisierung, Erhöhung der Ökoeffizienz**) [97, 128, 162, 163]. Dies wird heute in vielen Bereichen diskutiert und umgesetzt – im Immobilienbereich zum Beispiel mit **Green Buildings**, Passivhäusern und sogar Positivenergiehäusern.

Aber Vorsicht: Technik alleine löst die Probleme nicht – heute so wenig wie in der Vergangenheit. Technischer Fortschritt ohne Flankierung im Bereich der Regulierung führt vielmehr, wie oben schon erwähnt, aufgrund des sogenannten **Bumerangeffekts** [85] in der Summe oft eher zu mehr als zu geringeren Gesamtbelastungen der ökologischen Systeme (Beispiel: das vermeintlich papierlose Büro als Ort des größten Papierverbrauches in der Geschichte der Menschheit). In diesem Fall ist dann »**Degrowth**« besser als Wachstum [87, 120, 125, 130].

---

*   Der Text ist im Wesentlichen aus dem Tandemtext »Ökosoziale Marktwirtschaft: Ideen, Bezüge, Perspektiven« [56] übernommen.

Grenzen sind in jedem Fall durchzusetzen, und zwar gemäß der Formulierung von Hans Glauber, Gründer des Ökoinstituts Südtirol / Alto Adige in Bozen, auf den das oben schon erwähnte Zitat zurückgeht: »Die leidenschaftliche Akzeptanz der Grenzen ist Liebe zum Leben« (http://de.wikipedia.org/ wiki/Hans_Glauber). Mit jeder Frage nach Begrenzung, etwa der CO_2-Emissionen, zeigt sich aber sofort die weltweite und bis heute unbeantwortete **Verteilungsproblematik** in voller Schärfe. Das ist ein Thema der **Governance**. Und deshalb brauchen wir Innovation in Technik und Governance simultan, und zwar möglichst für einen **doppelten Faktor 10.**

Doppelter Faktor 10

Die Herausforderung, vor der die Welt heute steht, lässt sich zusammengefasst wie folgt umreißen: Aus der aktuellen Weltfinanz- und Weltwirtschaftskrise heraus, konfrontiert mit dem drohenden Klima- und Ressourcenkollaps, gilt es, eine **lebenswerte Zukunft** für **zehn Milliarden Menschen** über die nächsten 70 Jahre zu schaffen. Dies in einem Umfeld, in dem die Menschen in ihrer großen Zahl immer wieder mit gravierenden Naturkatastrophen und Problemen mit technischen Systemen zu kämpfen haben wie in jüngster Zeit in Japan. Wie problematisch dieses Wachstum der Weltbevölkerung ist und wie wichtig es ist, die Trends umzudrehen, wurde bereits erwähnt. Gelingt ein hoher weltweiter Wohlstand mit hohem, weltweitem sozialem Ausgleich auch zwischen Staaten, wird die **Weltbevölkerung ab etwa 2050 rasch absinken.** Aber die Frage ist, ob ein hoher Wohlstand für zehn Milliarden Menschen überhaupt denkbar ist. Können wir aus der jetzigen Krise herauskommen, ohne dass alle den Gürtel enger schnallen müssen?

Im Moment gibt es immer mehr Menschen, die an der schweren Lage schier verzweifeln und Wachstum als die Wurzel allen Übels verteufeln. Es gibt auch die Vorstellung, die Finanzwirtschaft bis hin zur Abschaffung des Zinses und Zinseszinses ganz anders zu organisieren. Derartige Ansätze unterschätzen, wie viel Dynamik die Welt braucht, um für zukünftig zehn Milliarden Menschen einen ausreichenden Wohlstand zu schaffen. »Ein Programm des Zurück« ist für die meisten nicht akzeptabel, schon gar nicht in demokratischen Prozessen. Allenfalls nach Katastrophen oder nach verlorenen Kriegen sieht man das etwas anders, aber mit dem Gedanken an derartige Entwicklungen sollte man nicht spielen. Andererseits ist ein einfaches »Weiter so wie bisher« auch nicht möglich – bei genauerer Betrachtung aber auch nicht erforderlich. Vielmehr sind folgende grundsätzliche Beobachtungen zur »Reifung« biologischer Systeme mit zu bedenken.

In den frühen Phasen der Ökosystementwicklung fließt ein großer Teil der verfügbaren Energien in neues Wachstum. Es dominieren Arten mit hoher Reproduktionskapazität und lineare Nahrungsketten. Mit dem fortschreitenden Aufbau organischer Strukturen, das heißt mit **zunehmender Reifephase der Ökosysteme**, wird jedoch immer mehr Energie benötigt, um diese Strukturen zu erhalten. Für die Produktion steht zunehmend weniger Energie zur Verfügung. Die gesamte Biomasse nimmt zu, auch die tote organische Substanz, und die Bruttoprimärproduktion hat nur noch eine geringe Zunahme. Die Nahrungsketten werden komplexer, die Stoffkreisläufe geschlossener. Die internen Kreisläufe und die Nährstoffrückführung nehmen zu, genauso wie **Symbiosen und Artenzusammensetzung**. Die Arten der hochentwickelten Gesellschaften weisen differenzierte Anpassungsstrategien an einzelne Teillebensräume mit begrenzten Ressourcen auf. Eigenschaften wie größere Körper, erhöhte Speicherkapazität, spezialisierte Nischen, längere und komplexere Lebensabläufe und stärkere Kooperation zwischen verschiedenen Arten gewinnen gegenüber dem bloßen Fortpflanzungspotenzial an Bedeutung, wenn das Ökosystem reift.

Aus diesen Zusammenhängen in der Entwicklung natürlicher Systeme können wertvolle Erkenntnisse für das Wirtschaften der Menschen gezogen werden:

1. Die zentrale Bedeutung der **Kreislaufwirtschaft**.
2. Die Tatsache, dass materiell weitgehend gesättigte Volkswirtschaften quantitatives Wachstum durch qualitatives, das heißt vernetztes und immaterielles, das heißt **Informationswachstum** ersetzen müssen.
3. Die Tatsache, dass in reifen Systemen nicht mehr das Prinzip der Konkurrenz, sondern das der **Kooperation und Symbiose** dominiert.

Fassen wir das Gesagte zusammen: So falsch der heutige unreflektierte Wachstumsbegriff auch ist, so gefährlich ist aus ökosozialer Sicht die Verteufelung von Wachstum und die Unterschätzung des Innovationspotenzials. Wir befinden uns nicht in einem Nullsummenspiel, in dem Knappheiten verteilt werden müssen. Dies gilt allenfalls für die Ressourcen, nicht aber für das, was wir bei klugem Vorgehen daraus machen können. Eine vernünftige Zukunft für alle Menschen ist vor allem dann vorstellbar, wenn es gelingt, ein **erhebliches weiteres weltweites Qualitätswachstum**, welches zu einer höheren Wohlfahrt und Lebensqualität führt, mit deutlich unterschiedlichen Wachstumsraten in der reichen Welt, und in der sich entwickelnden Welt, über lange Zeit zu realisieren, aber dies bei **konsequentem Umwelt- und Ressourcenschutz** weltweit (sogenanntes **grünes Wachstum**). **Umwelt- und Ressourcenschutz** kommen zuerst, Wachstum nur unter dieser Prämisse. Ein solches Wachstum muss Teil eines neuen Global New Deal sein, und zwar, da die Umwelt zu schützen ist, eines **Global Green New Deal** (vgl. hierzu weiter unten die Ausführungen zum **Nettoinlandsprodukt**, die Teil eines Vorschlags der vom französischen Präsidenten Sarkozy eingesetzten Stiglitz-Kommission [149] zum Thema sind).

In diesem Prozess muss die kreative Kraft der Marktprozesse, die schon erwähnte kreative Zerstörung im **Schumpert'schen Sinne**, die Kraft der Innovationen genutzt werden. Zur Vermeidung des Bumerangeffekts ist dazu gleichzeitige Innovation in Technik und Governance erforderlich, wobei die Governance offensichtlich supranationalen Charakter haben muss. Dies alles sind wesentliche Elemente eines weltweiten ökosozialen Programms.

Wie kann man sich nun einen doppelten Faktor 10 vorstellen? Und was ist dafür zu tun? Basis und Ausdruck von Hoffnung und Optimismus ist die sogenannte **Zukunftsformel** 10 ~> 4:34 des ersten Autors [96, 97]. Sie besagt im Wesentlichen, dass die Welt bei richtiger Vorgehensweise in etwa 70 Jahren vielleicht zehnmal so reich sein kann wie heute, wobei die heute reiche Welt etwa viermal so reich und die sich heute entwickelnden Länder etwa 34-mal so reich sein können. Die Bevölkerungsgröße in den ärmeren Teilen wächst dabei fast auf das Doppelte. Die soziale Balance auf dem Globus entspricht dann in etwa derjenigen im heutigen Europa. Die Ressourcenknappheit wird durch entsprechende Rechtezuordnungen, Preisentwicklungen, neue Technologien und andere Lebensstile bewältigt. Das ist die eigentliche Herausforderung – ein **qualitatives Wachstum, kein Wachstum mehr aus Plünderung**, weder Plünderung bei anderen noch an der Natur noch an der Zukunft. Sondern nur noch Wachstum aus **Intelligenz und**

Kooperation (grünes Wachstum). Der zukünftige Lebensstil wäre dann sehr viel weniger ressourcenintensiv als heute, und zwar insbesondere deshalb, weil Ressourcen teurer sein werden. Hochwertige, kreative Dienstleistungen werden im Gegenzug sehr viel preiswerter.

Es fällt vielen Menschen schwer, sich einen doppelten Faktor 10 vorzustellen. Eine zehnfache Weltwirtschaftsleistung in 70 Jahren, aber kein zusätzlicher Umweltverbrauch, kein zusätzlicher Ressourcenverbrauch wegen einer Erhöhung der Ökoeffizienz um den Faktor 10, und zugleich die Absenkung der Klimagasemissionen auf ein Drittel, das ist für viele jenseits der vorstellbaren Möglichkeiten. Und vielleicht geht es ja auch nicht. Aber es ist genau das, was heute im Bereich Green Buildings angestrebt wird. Und der Markt als leistungsstarkes Innovationssystem ist dazu in der Lage, vor allem wenn die Renditen auf Finanzanlagen nicht zu hoch sind. Man denke nur daran, dass es im 17. Jahrhundert weltweit nur etwa ein Zehntel der heutigen Bevölkerung gab, dass 50 Prozent der Menschen, selbst in Europa, in der Landwirtschaft arbeiteten und trotzdem, selbst in Deutschland, immer wieder Hunger auftrat. Und nun sind wir zehnmal so viel Menschen auf der Welt, in der Landwirtschaft arbeiten im Norden nur noch drei Prozent der Menschen, und wir produzieren weltweit Nahrung für 13 Milliarden Menschen. Die Hälfte davon wird allerdings durch Großvieheinheiten (insbesondere Rinder) prozessiert, und täglich verhungern 24.000 Menschen – ein Regulierungsdefizit, weil beispielsweise eine »**Bolsa Familia**« im Sinne des Programms von Präsident Lula in Brasilien fehlt, oder eine »**minimum living allowance for all**« in der Sprache des Friedensforschers Johan Galtung, oder ein **Welt-Hartz IV** [104], das jedem zumindest die Kaufkraft verschafft, derer es bedarf, um nicht zu verhungern.

Wir geben zu, dass der doppelte Faktor 10 aus heutiger Sicht eine Hoffnung ist – nicht mehr, nicht weniger. Sicherheit gibt es nicht. Und da Umwelt- und Ressourcenschutz vorgehen, werden wir unter Umständen ohne einen doppelten Faktor 10 zurechtkommen müssen. In der ökosozialen Bewegung gibt es deshalb, völlig legitim, viele Experten und Expertinnen, die ein jährliches BIP-Wachstum von zwei Prozent mit einer Vervierfachung des Wohlstandes in 70 Jahren im Norden für unrealistisch halten und es daher als sinnvoll erachten, sich auch mit ökonomischen/wirtschafts- und gesellschaftspolitischen Modellen auseinanderzusetzen, die Wohlstand und hohe Lebensqualität ohne hohe Wachstumsraten im Norden zustande bringen. Wachstum wird dabei nicht negativ gesehen. Es sollte uns aber bei Bedarf gelingen, uns im Norden vom Wachstumszwang zu befreien.

Der Schlüssel für die Zukunft ist in weltweiter Perspektive auf jeden Fall ein richtig verstandenes (**grünes**) Wachstum. **Kein Wachstum mehr aus Plünderung**, sondern nur noch Wachstum aus **Intelligenz und Kooperation**. Dabei müssen Umweltschutz und Ressourcensicherung vorne stehen und die Staaten der Welt über ein vernünftiges **Global Governance System** zuerst die Voraussetzungen dafür schaffen, dass dies überhaupt möglich wird und auch **Suffizienzaspekte** adäquat adressiert werden. Der dritte Autor hat die Erfordernisse am Ende einer langen Debatte bei einem Jahrestreffen des BUND Deutschland am 21. November 2009 in Bad Hersfeld wie folgt zusammengefasst:

>*Die zentrale Herausforderung ist heute weltweit, mit den bestehenden Ressourcenknappheiten und den Umweltbelastungen zurechtzukommen. Hier sind die entsprechenden Limitationen weltweit zu vereinbaren und knallhart durchzusetzen. Auf sozialer Seite ist genauso die Würde aller Menschen ein Ordnungs- und Regulierungsziel. Wachstum ist dann eine abgeleitete Größe, maximal so viel Wachstum, wie unter Beachtung der ökologischen Restriktionen und der sozialen Zielvorstellungen möglich ist. Möglicherweise auch weniger, aber das ist wohl erst dann eine Option, wenn ein hoher Wohlstand und ein hohes Maß an sozialem Ausgleich weltweit erreicht sind.*«

13 Ökosoziale Marktwirtschaft als Zukunftsmodell – Die Antwort auf die Krise

Angesichts der derzeitigen globalen Fehlentwicklungen brauchen wir dringend ein neues ordnungspolitisches Modell, welches für eine globalisierte Wirtschaft und eine weltweit vernetzte Menschheit anwendbar ist. Zu diesem Thema gibt es viele **Stimmen aus den Wirtschaftswissenschaften**, einiges dazu findet sich in »Wird die Demokratie ungerecht – Politik in Zeiten der Globalisierung« [21], »Die Wirtschaftswissenschaften nach der Krise – Einige Hinweise zur Orientierung« [105], »Weiterentwicklung der Curricula der Wirtschaftswissenschaften – 50 einschlägige Themenstellungen ökosozialen Typs« [106], einiges wurde in Kapitel 6 angesprochen, ein interessanter Zugang zur eigentlichen Marktthematik findet sich in »Ökosoziales Forum Österreich: Ökosoziale Marktwirtschaft für eine zukunftsfähige Gesellschaftsordnung« [78]. Manager führender globaler Unternehmen sprachen sich schon bei einem im Jahr 2005 von Premierminister Tony Blair initiierten Weltwirtschaftsforum für die »Etablierung von politischen Rahmenbedingungen für langfristiges marktwirtschaftlich orientiertes Handeln« sowie die »Sicherstellung gleicher, global gültiger politischer Rahmenbedingungen« aus. Aktuell hat sich der französische Präsident **Nicolas Sarkozy** bei der Eröffnung des Weltwirtschaftsforums 2010 in Davos unter der Überschrift »**Die Globalisierung ist aus dem Ruder gelaufen**« zu der Thematik geäußert (http://www.sueddeutsche.de/,tt6m1/wirtschaft/252/501507/text/):

Mit ungewöhnlich scharfen Worten hat der französische Präsident Nicolas Sarkozy die Entwicklung der Weltwirtschaft und das Verhalten von Managern kritisiert. »Wir sind alle verantwortlich für die Krise«, sagte der Poli-

tiker bei der Eröffnung des Weltwirtschaftsforums in Davos. »Wir müssen unsere Sicht der Welt korrigieren«, forderte Sarkozy. Der weltweite wirtschaftliche Absturz sei nicht einfach irgendeine Krise, sondern »eine Krise der Globalisierung«.

Es sei ein Fehler gewesen, so viel Vertrauen in die Kräfte des Marktes zu setzen.

Davos hat deshalb in früheren Jahren heftige Kritik von Globalisierungs-gegnern heraufbeschworen. Dieses Jahr war es der Eröffnungsredner selbst, der hart mit dem Kapitalismus ins Gericht ging. »Von dem Moment an, da wir die Idee akzeptierten, dass der Markt immer recht hat, ist die Globalisierung aus dem Ruder gelaufen«, sagte er. Eine Folge dieses Denkens sei gewesen, »dass nur die Gegenwart zählte, und die Zukunft nichts galt«.

Damit, dass der freie Handel höher bewertet wurde als andere politische Ziele, »haben wir die Demokratie beschädigt«. Die Menschen erwarteten von der Demokratie, dass sie ihre Interessen schütze. Es sei nicht möglich, die Bürger mit der Globalisierung und dem kapitalistischen System zu versöhnen, wenn es nicht gelinge, Korrektive in den Markt zu bringen. Der Kapitalismus könne nur durch seine Erneuerung gerettet werden. »Wir können die Welt des 21. Jahrhunderts nicht mit den Prinzipien des 20. Jahrhunderts regieren.«

Die Welt könne nicht regiert werden, wenn »die halbe Menschheit ins Aus gestellt werde«. Es habe unanständiges Verhalten gegeben, das von der öffentlichen Meinung keines Landes mehr akzeptiert werde, fuhr Sarkozy fort. Exzessive Unternehmensgewinne würden von den Bürgern nicht mehr hingenommen. Gleiches gelte für die hohen Managergehälter und Abfindungen. Es sei nicht verwerflich, wenn diejenigen viel Geld verdienten, die Arbeitsplätze schafften. »Aber dass diejenigen, die Arbeitsplätze und Wohlstand zerstören, auch viel Geld verdienen, das ist moralisch nicht zu rechtfertigen.« Es müsse Schluss gemacht werden mit einem »System ohne Regeln«. Das bedeute nicht, dass für alle Länder die gleichen Gesetze gelten müssten.

Sarkozy betonte, in der Krise habe der Nationalstaat wieder eine neue Bedeutung bekommen. Er spielte damit auf die massiven Hilfen an, die die Banken von Regierungen erhielten. In dieser Rezession hätten sogar die am meisten globalisierten Unternehmen zu schätzen gewusst, »dass sie eine Na-

tionalität hatten«. Bei diesen Worten bekam der Präsident Beifall aus dem Publikum. Besonders hart ging Sarkozy mit den Banken ins Gericht. Es sei nicht ihre Aufgabe zu spekulieren. Sie sollten mit ihren Krediten die Wirtschaft fördern. Die Welt brauche ein neues Währungssystem. Frankreich werde das bei den Treffen der wichtigsten Industrienationen 2011 auf die Tagesordnung setzen.

Der französische Präsident hat recht. Und wenn er die Erneuerung des Kapitalismus fordert, dann ist aus Sicht der Autoren dieses Textes sowie der ökosozialen Bewegung klar: Das muss dann eine **weltweite Ökosoziale Marktwirtschaft** sein. Der Kapitalismus wird dabei nur insofern erneuert, als man zu den Prinzipien Umweltschutz und soziale Marktwirtschaft, die auf der Ebene erfolgreicher Nationalstaaten längst etabliert sind, zurückkehrt und sie auf den **Globus extendiert.**

Dies ist zum Beispiel eine Konsequenz der Fundamentalidentität (vgl. Kapitel 5) und zugleich die Botschaft des vorliegenden Textes, der nicht nur die Historie der Ökosozialen Marktwirtschaft aufarbeitet, sondern auch in die Zukunft schaut.

Mit dem Konzept einer **weltweiten Ökosozialen Marktwirtschaft,** aufbauend auf einem **Global Marshall Plan,** liegt ein Modell für eine zukunftsfähige Ökonomie konzeptionell vor. Weltweite Ökosoziale Marktwirtschaft als Zukunftsmodell überträgt die besten Erfahrungen mit der Regulierung von Nationen und der supranationalen Regulierung der EU auf die ganze Welt als eine neue Synthese zwischen Wirtschaft, Sozialem und Ökologie. Dadurch soll ein Mehrwert für Mensch, Natur und Gesellschaft erzielt werden. Ökosoziale Marktwirtschaft ist die konstruktive Alternative zum derzeit dominierenden Marktfundamentalismus.

Diese Position findet sich auch in der aktuellen Studie »**Zukunftsfähiges Deutschland« in einer globalisierten Welt** [7, 8]. In der Kurzfassung heißt es auf Seite 23:

»Bislang legt das »Betriebssystem« des Kapitalismus die Regeln des Spiels fest. Es weist Eigentumsrechte zu und organisiert die Verteilung von Nutzen und Nachteilen. Die soziale Marktwirtschaft brachte eine gewisse so-

*ziale Zivilisierung des Kapitalismus: Der Staat wurde zum Sozialstaat, aus der Arbeiterbewegung ein Tarifpartner. Jetzt muss die Beziehung zur dritten Säule, zur Natur überprüft werden. Für eine **ökologisch-soziale Marktwirtschaft** ist eine weitere, grundlegende Veränderung des wirtschaftlichen »Betriebssystems« des Kapitalismus (»Capitalism 3.0«) notwendig.*

*In Fortführung dieser Überlegungen findet sich auf Seite 30/31 der Begriff »**Weltinnenpolitik**« in Verbindung mit **Erdpolitik** wie folgt: Erforderlich ist eine Wirtschaft, die umfassend dem Nachhaltigkeitsziel gerecht wird. Dafür muss die Erwerbswirtschaft entsprechend umgebaut, die Lebensweltwirtschaft und damit die Rolle der Zivilgesellschaft aufgewertet und die Natur gegen die Ansprüche des Geldkapitals wirksamer geschützt werden. Das erfordert staatliches Reglement, das die Marktteilnehmer daran hindert, die natürlichen und sozialen Gemeingüter zum privatwirtschaftlichen Vorteil zu übernutzen. Dazu gehört eine Revision des Wettbewerbsrechts, damit sich Unternehmen nicht länger Wettbewerbsvorteile verschaffen, indem sie ökologische oder soziale Kosten auf die Allgemeinheit abwälzen. Dazu gehört auch eine Revision der Unternehmensverfassung, damit Kapitalgesellschaften nicht nur Privilegien genießen, sondern auch ökologische und soziale Pflichten einhalten. Die **ökologisch-soziale Marktwirtschaft** setzt also auf den Primat der politischen Gestaltung vor der Logik des Marktes. Das Prinzip dafür wurde im 1949 verabschiedeten Grundgesetz bereits formuliert: »Eigentum verpflichtet. Sein Gebrauch soll zugleich dem Wohle der Allgemeinheit dienen«.*

Das Herzstück im Modell der Ökosozialen Marktwirtschaft, wie dargestellt, ist die richtige Balance zwischen leistungsfähiger Wirtschaft, sozialer Fairness und ökologischer Nachhaltigkeit, ein **magisches Dreieck**. Diese richtige Balance zwischen Wirtschaft, Sozialem und Ökologie muss immer wieder neu angestrebt werden. Es geht um die Gestaltung eines **dynamischen Fließgleichgewichts**, das unter anderem durch die dauernden gigantischen Innovationen des IT-Sektors verändert und vorangetrieben wird [90, 108]. Das ist eine große Herausforderung für ordnungspolitische Gestaltung und Politik – in diesem Fall vor allem auch Weltpolitik.

Ökosoziale Marktwirtschaft erfordert daher eine starke, handlungsfähige und am Gesamtwohl orientierte Politik auf nationaler, kontinentaler und globaler Ebene. Bei weltweiter Ökosozialer Marktwirtschaft geht es um Grundprinzipien und Spielregeln für einen globalen Ordnungsrahmen der Wirtschaft, nicht aber um Einmischung in die Wirtschafts- und Lebensweise der verschiedenen Staaten und Kulturen. Im Einzelnen lassen sich die Eckpunkte der Ökosozialen Marktwirtschaft folgendermaßen definieren:

1) **Ökonomie**

Ziel ist eine leistungsfähige und wettbewerbsstarke Wirtschaft. Daher geht es in der ordnungspolitischen Gestaltung insbesondere um folgende Schwerpunkte:

a) Forschung, Entwicklung, Innovation

b) Abbau von Leistungsbarrieren wie zum Beispiel Überregulierung und unnötige Bürokratie

c) Ausbau von Leistungsanreizen durch ein faires Steuersystem und fairen Wettbewerb

d) Stärkung der regional verankerten mittelständischen Unternehmen

2) **Soziales**

Ziel ist soziale Fairness sowohl auf lokaler wie auch auf globaler Ebene. Das erfordert neue Fantasie in der Gestaltung von sozialer Gerechtigkeit.

a) Vorsorge für die Erhaltung der Leistungsfähigkeit und Finanzierbarkeit des Sozial- und Gesundheitssystems im Hinblick auf die demografische Entwicklung – Verbreiterung der Bemessungsgrundlage für die Mittelaufbringung

b) Bessere Rahmenbedingungen als Voraussetzung dafür, dass Familien, Gemeinschaften und private Dienste in der Lage sind, Pflege- und Betreuungsleistungen erbringen zu können

c) Vielfältige Netze der Solidarität als Voraussetzung für eine humane Gesellschaft mit hoher Lebensqualität

d) Globale Solidarität als Grundlage für menschenwürdige Lebensbedingungen rund um den Globus.

3) **Ökologie**

Das Neue am Modell der Ökosozialen Marktwirtschaft liegt einerseits darin, dass die Umwelt in weltweiter Perspektive konsequent geschützt wird (Prinzip der Planetengrenzen; vgl. Kapitel 6), andererseits darin, dass die Kräfte des Marktes für das Ziel der Nachhaltigkeit und des Umweltschutzes genützt werden sollen (Jiu-Jitsu-Prinzip). Einige der wichtigsten Instrumente in diesem Sinne sind:

a) Striktes Verursacherprinzip! Es geht um die weltweite Durchsetzung ökologischer Wahrheit bei der Gestaltung von Preisen und Kosten – dadurch entstehen Wettbewerbsvorteile für jene Produkte, Energie- und Verkehrssysteme beziehungsweise korrespondierendes Konsumverhalten, die dem Prinzip der ökologischen Nachhaltigkeit entsprechen.

b) Ökosoziale Steuerreform: Dabei geht es um den längerfristigen UMBAU von Steuern und Abgaben zugunsten der menschlichen Arbeitskraft und der ökologischen Nachhaltigkeit.

c) Überprüfung und Änderung von Gesetzen, Verordnungen, Verwaltungsabläufen und Förderungen zugunsten der ökologischen Anforderungen.

d) Globaler Handel mit Produkten erfordert eine strikte und für den Konsumenten leicht verständliche Produktdeklaration sowie transparente Produktwahrheit.

e) Stärkung der Umweltgesinnung durch Bildung und Information.

f) Verbote von Produktionsverfahren und Problemstoffen, wo Marktanreize nicht wirksam sind.

g) Überlegungen zu und globale Durchsetzung einer neuen Kennzahl für die wirtschaftliche, soziale und ökologische Entwicklung in einer Volkswirtschaft (zum Beispiel »Nettoinlandsprodukt« anstelle von Bruttoinlandsprodukt).

h) Umweltschutz als internationale Aufgabe: Nicht nur das Phänomen »Klimawandel« macht deutlich, dass die Bewältigung der ökologischen Herausforderung eine völlig neue Qualität von globaler Bewusstseinsbildung und Zusammenarbeit erfordert.

i) Förderung dezentraler Strukturen im Ver- und Entsorgungsbereich statt Großstrukturen (zum Beispiel dezentrale kommunale Trinkwasserversorgung statt Fernwasser).

j) Förderung des ländlichen Raums durch Konzepte der eigenständigen Entwicklung mit einer Vorrangfunktion für die Produktion von Lebensmitteln und der Sicherung der Gemeinwohlressourcen Wasser und Boden.

k) Förderung der bäuerlichen Landwirtschaft (vgl. Weltagrarbericht: www.weltagrarbericht.de), die nicht abhängig ist von der Agrochemie, sondern die durch die optimale Nutzung der Sonnenenergie durch das Grün der Pflanzen zu höherer Bodenfruchtbarkeit und höheren Erträgen führt.

l) Nachfrage der öffentlichen Hand nach Gütern und Dienstleistungen, die den Kriterien der Ökosozialen Marktwirtschaft entsprechen.

4) Kultur

Ein Wesensmerkmal von weltweiter ökosozialer Marktwirtschaft ist die Respektierung der kulturellen Vielfalt und der unterschiedlichen Lebensweisen.

a) Toleranz UND Eigenständigkeit: Ein respektvoller Umgang zwischen Menschen verschiedener Religionen und Kulturen erfordert einerseits ein gefestigtes Fundament für den eigenen Standpunkt und andererseits die Bereitschaft, dem Anderen mit Respekt und Toleranz zu begegnen.

b) Richtige Balance zwischen materiellen und ideellen Werten, zwischen Wirtschaft, Wissenschaft, Kultur und Religion. Durch die Pflege des eigenen kulturellen Erbes und das Kennenlernen anderer Kulturen und Religionen kann ein fruchtbarer Dialog entstehen, der schließlich auch die Entwicklung gemeinsamer ethischer Prinzipien, zum Beispiel im Sinne der Weltethosbewegung, ermöglicht.

c) Die europäischen Grundwerte leben! Europa kann durch seine praktischen Erfahrungen eines friedlichen und demokratischen Zusammenwachsens bei Wahrung der Vielfalt an Kulturen wertvolle Impulse für globale Problemlösungen einbringen.

Grundprinzipien einer weltweiten Ökosozialen Marktwirtschaft

Im Zeitalter der Globalisierung brauchen wir dringend global verbindliche Spielregeln mit dem Ziel einer fairen globalen Balance.

Die wichtigsten Eckpunkte für eine weltweite Ökosoziale Marktwirtschaft
sind:

1. Ökonomie, Ökologie, Soziales und kulturelle Identität müssen als gleich-
   rangige und gleichwertige Ziele in der Gestaltung von Wirtschaft und
   Gesellschaft auf globaler Ebene respektiert werden.

2. Das erfordert den Einbau von gleichen (ggegebenenfalls entwicklungsstandabhängig gestalteten) und für alle verbindlichen ökologischen und sozialen Standards in allen globalen Institutionen, Verträgen und Abkommen
   sowie die Entwicklung von globalen Diskussions- und Entscheidungspro-
   zessen auf der Basis von Transparenz und demokratisch legitimierter Ent-
   scheidungsfindung.

3. Faire und durchsetzbare Regeln für die globalen Finanzmärkte.

4. Weltweit faire und vergleichbare Steuersysteme.

Es stellt sich die Frage, ob und wie es gelingen könnte, solche Grundprinzipien
für einen fairen globalen Ordnungsrahmen trotz aller Gegensätzlichkeiten und
Einzelinteressen in die globalen Diskussions- und Entscheidungsprozesse ein-
zubringen und schließlich zu einem weltweiten Konsens zu führen. Das kann
nur gelingen, wenn davon alle Beteiligten einen Vorteil erwarten können. Inter-
essant sind dabei neue Überlegungen direkt aus der Wirtschaft.

Der Friedensnobelpreisträger Muhammad Yunus, Vater der Kleinkreditbewegung, hat vor Kurzem die neue Bewegung der **Sozialunternehmen** [174] gestartet und wichtige Partner wie Danone, BASF, Adidas und Otto Group für Joint
Ventures gefunden. Der Ökonom **de Soto** hat unser Verständnis dafür wesentlich erweitert, inwieweit schlechte administrative Prozesse, etwa bei der Regis-
trierung von Unternehmen, aber auch bei der Feststellung von Eigentumsrechten, gerade auch der Eigentumsrechte der Ärmsten, einer vernünftigen
ökonomischen Entwicklung entgegenstehen [15]. **Wouter van Dieren**, Club of
Rome, argumentiert seit Langem für ein Green BIP [157]. Es geht hier darum,
dass das heutige Bruttoinlandsprodukt den Wohlstand einer Gesellschaft nur

sehr unzureichend misst. In der Folge der Weltwirtschaftskrise hat dieses Thema an Bedeutung gewonnen. So hat der französische **Präsident Sarkozy,** wie oben bereits erwähnt, die Stiglitz-Kommission eingesetzt, um dieser Frage nachzugehen. Stiglitz [148] ist auch involviert in eine entsprechende Kommission auf EU-Ebene. Auch das Statistical Office der Europäischen Kommission (Eurostat) in Luxemburg ist in Zusammenarbeit mit weiteren Partnern in die Thematik involviert [156]. Es gibt auch einen entsprechenden Vorstoß auf UN-Ebene. Letztlich geht es um Fragen der folgenden Art (vgl. http://www.project-syndicate.org/ commentary/stiglitz116/German):

Fördert ein Tsunami die Weltwirtschaft? Ja, müssen orthodoxe Wirtschaftsstatistiker zugeben: Nach der Riesenwelle von 2004 im Indischen Ozean kurbelten die Wiederaufbauarbeiten das Bruttoinlandsprodukt (BIP) Indonesiens an. Die 230.000 Todesopfer und das Ausmaß von Tragödie und Elend spielen beim BIP keine Rolle. Es ignoriert auch Gefühle: Wie Robert F. Kennedy schon 1968 sagte, berücksichtigt der Messwert der Volkswirtschaften zwar Napalmbomben, Atomsprengköpfe und Kriegsspielzeuge für Kinder, aber nicht etwa die Zahl von Heiraten, die Integrität von Beamten, den Einsatzwillen von Pionieren oder die Schönheit der Poesie.

Vierzig Jahre nach Kennedys Erkenntnis will mit Frankreich erstmals ein wichtiges Industrieland das BIP durch ein neues Messsystem ersetzen und findet dafür zunehmend Unterstützung bei seinen Partnerländern, auch Deutschland. Doch wie? An dieser großen Frage stockte die Debatte bisher. Die von Sarkozy eingesetzte Kommission unter Beteiligung der nobelpreisgekrönten Ökonomen Joseph Stiglitz (USA) und Amartya Sen (Indien) sowie von Jean-Paul Fitoussi (Frankreich) hat nun nach anderthalbjährigen Arbeiten zwölf konkrete Mittel und Wege aufgezeigt, wie Wohlstand und -befinden der Bevölkerung besser zu messen sind (vgl. www.stiglitz-sen-fitoussi.fr).

*Die progressiven Ökonomen reden nicht lange um den Brei herum und empfehlen, das BIP durch das **Nettoinlandsprodukt** (NIP) zu ersetzen. Letzteres schließt auch soziale, menschliche oder umweltrelevante Wertverluste ein, die dem in den 1950er-Jahren konzipierten BIP unbekannt sind. Das NIP berücksichtigt etwa auch die Kosten einer CO_2-Steuer. »Ohne sie wer-*

den herkömmliche Marktpreise unvollständig wiedergegeben«, heißt es in dem Bericht.

Zuerst aber müssen laut Studie bessere Messmethoden und Statistiken her. Nur so lassen sich Kriterien der Umwelt, der Sozialentwicklung oder der Lebensqualität erfassen. Dazu gehören das Kinderhüten oder das Basteln, aber auch Geschlechtsunterschiede oder die Beteiligungsquote am politischen Leben. Laut der Kommission fehlen auch Erhebungen zu den heute als besonders wichtig anerkannten Bereichen Bildung, Gesundheit, Wohnungsrate oder Jobsicherheit.

Dazu gehört auch die Überschuldungsrate. Hätte man sie in den USA gekannt, wäre man gegen die aktuelle Wirtschaftskrise besser gewappnet gewesen, meint der Bericht: »Wenn dauerhafte Messwerkzeuge zum Beispiel die Privatverschuldung in Betracht gezogen hätten, wären wir zu einer vorsichtigeren Einschätzung der Wirtschaftsleistungen gelangt.«

Ein wichtiges Thema sind schließlich **Faktor 5-/Faktor 10-Konzepte**, also Konzepte einer massiven Dematerialisierung aller ökonomischen Prozesse. Hierfür stehen, wie oben schon erwähnt, Autoren wie von Weizsäcker und Schmidt-Bleek [128, 162, 163]. Diese Konzepte sind wesentlicher Bestandteil jeder vernünftigen Zukunftsorientierung. Sehr viel bewirkt hat die Organisation Transparency International [154]. Sie geht an das wichtige Thema der Korruption heran, auch an die Rolle von Finanzoasen, wo die Gewinne von Korruptionsprozessen versteckt werden. Ganz allgemein gibt es unter dem Begriff **Corporate Social Responsibility** (CSR) mittlerweile eine breite Bewegung, die vielfältige gesellschaftliche Verpflichtungen von Unternehmen fixiert. Im Bereich der Finanzinvestitionen gehört dazu als Teil der sogenannten Equator-Principles [23] die Verpflichtung, dass Investitionen in Staudämme in Drittländern nur noch erfolgen dürfen nach Wechselwirkung mit vielfältigen lokalen Stakeholdern.

Schließlich haben der frühere Unternehmensführer **Peter Grassmann**, heute Vorsitzender des **Ökosozialen Forums Deutschland**, in seinem Buch »Plateau 3« [47] und seinem neuen Buch »Burn Out« [48] ebenso wie der frühere Vorstandsvorsitzende der Daimler-Benz AG, Edzard Reuter, in seinem neuen Buch

»Stunde der Heuchler – Wie Manager und Politiker uns zum Narren halten« [114] beschrieben, wie problematisch teilweise die Gesprächssituation auf Managementebene bezüglich der weltweiten Nöte und systemischen Zwänge ist. Und wie gerne sich mancher auch hinter Freiheit und Marktzwängen versteckt. Peter Grassmann entwickelt vor allem die neue Idee, wie zwischen einer Individualunternehmensebene der Corporate Social Responsibility und der Regelsetzung der Politik sektorale Codes of Conduct, Wertecodizes, **branchenorientiert** unter Einschluss von **Roadmaps für technischen Fortschritt,** einen wichtigen Beitrag würden leisten können, um Marktwirtschaft und Wohlstand miteinander zu verbinden. Und auch in den Universitäten und Hochschulen ist das Thema angekommen. So thematisieren H. Dyckhoff und R. Souren in ihrem Buch »**Nachhaltige Unternehmensführung**« [18] die Rolle der **Ökosozialen Marktwirtschaft** zur Erreichung gesellschaftlich erwünschten Verhaltens in diesem Segment menschlichen Tuns und Handelns.

14   Ökosoziale Marktwirtschaft – Wichtige Merkmale

Das folgende Kapitel listet in zwölf Punkten noch einmal wesentliche (Unterscheidungs-)Merkmale von weltweiter Ökosozialer Marktwirtschaft in Abgrenzung zu freien Märkten oder klassischer sozialer Marktwirtschaft auf. Die genannten Punkte wurden teilweise bereits angesprochen. Korrespondierende Überlegungen zu einer Neuorientierung der Wirtschaftswissenschaften finden sich in »Die Wirtschaftswissenschaften nach der Krise – Einige Hinweise zur Orientierung« [105]. Eine Liste von Themenstellungen, die Gegenstand eines zukunftsorientierten Curriculums der Wirtschaftswissenschaften in ökosozialer Richtung sein sollten, findet sich in »Weiterentwicklung der Curricula der Wirtschaftswissenschaften – 50 einschlägige Themenstellungen ökosozialen Typs« [106].

1   Die Fundamentalidentität

Markt (beziehungsweise Wohlstand) + **Nachhaltigkeit** = **Ökosoziale Marktwirtschaft**

Die Fundamentalidentität charakterisiert die Ökosoziale Marktwirtschaft und liefert ein besonders starkes Argument, sich für diesen Typ von Ordnungssystem einzusetzen. Nachhaltigkeit wird in der Folge der Rio-Konferenz 1992 normalerweise in dem Dreieck Ökonomie, Ökologie und Soziales dargestellt (vgl. Kapitel 8). Die Ökosoziale Marktwirtschaft greift dieses Dreieck in der Namensgebung auf. »**Öko**« für ökologisch, »**Sozial**« für die soziale Seite und **Marktwirtschaft** für den Bereich der Ökonomie. Sie ist auf einen **weltweiten** Prozess ausgerichtet, weil Nachhaltigkeit ein weltweites Thema ist und Wirtschaft in Zeiten der Globalisierung ebenfalls immer stärker durch globale Gegebenheiten bestimmt wird. Im Bereich des Sozialen beobachten wir Ähnliches [5]. Und die Korrespondenz zur Nachhaltigkeit einerseits und zu Markt und Wohlstand andererseits ist, wie dargestellt, fast tautologisch, denn die geforderte Regulierung verdient erst dann die Bezeichnung Ökosoziale Marktwirtschaft, wenn in der Folge der Zustand der Gesellschaft in Richtung Nachhaltigkeit konvergiert beziehungsweise Nachhaltigkeit gesichert ist, was heute offensichtlich nicht der Fall ist.

2   Nachhaltigkeit als Constraint-System

Die ökosoziale Bewegung definiert Nachhaltigkeit über **Constraint-Systeme**. Das sind Bedingungen, in denen sich die Parameter des Lebens und des Ökonomischen bewegen müssen, wenn die Zukunft gesichert werden soll. Im Umweltbereich betrifft dies zum Beispiel bezüglich der technischen Anforderungen das Einhalten von Grenzwerten. Das Ökonomische wird über die Constraint-Systeme voll mit der Physik verknüpft, ganz im Sinne der Diskussion der **Planentengrenze** in Kapitel 6. **Wachstum ist dann eine Optimierungsaufgabe unter Constraints.** Die Constraints gehen vor. Es gibt nur so viel Wachstum wie möglich ist, wenn man die Constraints respektiert.

In »Dresden Manifest. Zehn Wünsche und Forderungen an die Regierungschefs der G-20« [170] werden wesentliche Governancefunktionen der Staaten eng verknüpft mit dem kulturellen System. Die Durchsetzung der Constraints in Bezug auf die Regelung der Ökonomie, das Soziale und die Umwelt (inklusive Ressourcen) bedeutet, dass sich unsere gesellschaftlichen Prozesse immer innerhalb der **Leitplanken** bewegen, die durch das Constraintsystem gesetzt werden. Das größte Defizit in Global Governance ist heute, dass entsprechende mit Nachhaltigkeit kompatible Constraints häufig nicht formuliert und generell nicht durchgesetzt sind. Es sind nicht einmal die Prinzipien durchgesetzt, die für jeden funktionierenden Nationalstaat selbstverständlich sind. Aber wie soll global funktionieren, was noch nie national funktioniert hat? Aus dem Funktionierenden im Nationalen ist abzuleiten, was global im Sinne von Global Governance zu versuchen ist.

An dieser Stelle manifestieren sich Umweltanliegen, für die eine Organisation wie der **BUND** bedingungslos eintritt. Die Überlegungen führen zurück zu der Diskussion der Langzeitökonomie in der ökologischen Bewegung, die Ausgangspunkt des ökosozialen Paradigmas vor 35 Jahren war (vgl. Kapitel 3).

Eine ausführliche Darstellung zu einem Versuch der Quantifizierung von Nachhaltigkeit findet sich in dem oben bereits erwähnten Report »Measuring Sustainable Development« der United Nations Economic Commission for Europe [156].

Auf hochrangiger internationaler Ebene von der UN über die OECD bis zur EU-Ebene wird hier versucht, die Nachhaltigkeitsidee konzeptionell zu fassen, auch als eine Möglichkeit, in Bezug auf die Messung von Wohlstand und die Wohlstandsentwicklung das Bruttoinlandsprodukt durch ein aussagestärkeres Modell zu ersetzen. Teil des Mandats der Gruppe war es, einen breiten konzeptionellen Rahmen für die Messung nachhaltiger Entwicklung zu entwerfen, wobei ein **verallgemeinertes Kapitalkonzept** im Zentrum des Ansatzes stehen sollte. Dieser Ansatz sollte vier Typen von Kapital, nämlich **ökonomisches, natürliches, humanes** und **soziales Kapital**, als Basis für das Messen von Nachhaltigkeit verwenden. Gedanklich würde man so den Zustand der Welt über ein verfügbares Kapital beschreiben. Es gäbe zumindest in einem gewissen Umfang Substitutionsmöglichkeiten zwischen den verschiedenen Kapitalarten. Man könnte dann die Entwicklung der Welt von Jahr zu Jahr als die Entwicklung des aggregierten Welt-Kapitals verfolgen. Nachhaltigkeit könne man dann zum Beispiel so fassen, dass dieses Welt-Kapital ständig wächst, auf jeden Fall nicht kleiner wird.

Der Report beschäftigt sich ausführlich mit der Frage, wie man die verschiedenen Kapitaltypen messen würde, ferner mit der **Komplexität** der Aufgabe und den grundsätzlichen Ansätzen. Einem großen Bemühen im Detail und einer »umfassenden« Sammlung im Einsatz befindlicher Meßsysteme steht auch Skepsis bezüglich der gewählten Methodologie gegenüber.

Aus ökosozialer Sicht ist der Befund zu diesem Ansatz durch Fragen geprägt, ähnlich wie sie zum Beispiel auch Joseph E. Stiglitz und andere in jüngster Zeit in ihren Ausführungen zum Thema aufgeworfen haben. Dies betrifft vor allem **Erwägungen bezüglich der Zukunft**. Es ist immer schwierig, von einem bestimmten Zustand ausgehend zu überlegen, wie sich die Zukunft entwickeln wird. Nachhaltigkeit würde bedeuten, dass man über lange Zeit den Erhalt des wie auch immer beschriebenen Welt-Kapitals sicherstellen kann. Dies hängt aber möglicherweise an **fundamentalen Innovationen**, die noch gar nicht da sind. Hieraus resultieren sofort prinzipielle Schwierigkeiten, insbesondere auch deshalb, weil die Art der Organisation einer Gesellschaft und auch die Bereitschaft, **Risiken einzugehen**, einen großen Einfluss auf das Innovationspotenzial hat.

Das ist der tiefere Grund, warum die Autoren in dem vorliegenden Text eher einen **constraint-basierten Ansatz** analog zu dem Konzept der Planentengrenze aus Kapitel 6 gewählt haben. Das zwingt die Menschheit »nur«, sich innerhalb bestimmter Korridore zu bewegen und in einer tendenziell vorsichtigen Weise, dem **Vorsichts- beziehungsweise Vorsorgeprinzip genügend**, auf manche Chancen zu verzichten, stattdessen realistische Chancen mit Augenmaß aufzugreifen, um so insgesamt Nachhaltigkeit zu sichern. Zu beachten sind dabei zunächst Leitplanken im Sinne von Obergrenzen bezüglich Ressourcennutzung und Umweltverschmutzung. Im Sozialen ist Balance im Sinne der **ökosozialen Quantifizierung** zu diesem Thema (vgl. Kapitel 9) herbeizuführen, was als Ziel insbesondere eine gute Ausbildung aller Menschen beinhaltet und zur Senkung von Reproduktionsraten führt. Ökonomisch ist so viel – aber auch nicht mehr – Wachstum zu erzeugen, wie unter den genannten Restriktionen noch geht (grünes Wachstum). Intragenerationelle Gerechtigkeit wird über die Verbesserung der Welt-Equity erreicht, in intergenerationeller Sicht werden Gegebenheiten in der Zukunft verbessert. Im Sinne eines **offenen Konzepts** sind **Leitplanken zu verschärfen oder neue einzuführen**, wann immer die Wissenschaft neue Erkenntnisse produziert. **Michael Mesarovic**, eines der besonders aktiven Club of Rome-Mitglieder, spricht in diesem Kontext von der Notwendigkeit einer **antizipativen Demokratie** [30, S. 251]. Es scheint möglich, auf diesem Weg Nachhaltigkeit zu realisieren, wenn wir aufmerksam sind. Dies auch dann, wenn die Zukunft offen bleibt und eine volle Quantifizierung von Nachhaltigkeit **nicht** gelingt.

Eine korrespondierende These der Autoren geht dahin, dass unter vernünftigen Constraints das BIP, so wie wir es heute messen, hoch korreliert ist mit einer **sinnvollen Wachstumsgröße** – wobei man weiter nach einer solchen suchen sollte –, wie zum Beispiel dem Nettoinlandsprodukt (vgl. Kapitel 13).

Wenn das Wachstum die Constraints respektiert, ist es gemäß heutigem Wissensstand mit Nachhaltigkeit kompatibel. Dieser Ansatz ist wesentlich einfacher als der Versuch, ein aussagekräftiges Welt-Kapital im oben beschriebenen Sinne

zu definieren. Er versucht, die verschiedenen Dimensionen unserer Welt innerhalb von **Leitplanken** zu halten. Das bedeutet dann Nachhaltigkeit. Alle »Planetengrenzen« werden in einem **dynamischen Fließgleichgewicht** respektiert.
Bevölkerungsgröße, Einkommensverteilung, Innovationsneigung, Ressourcenverbrauch sind Teil dieser dynamischen Fließgleichgewichte. Ihre Größe ist nicht
definiert oder endogen gegeben. Gegeben sind nur die Constraints, die zu beachten sind.

Innerhalb dieser Leitplanken finden insbesondere Innovationen statt, und sie
sind die Basis für ein Wachstum, das mit den Leitplanken kompatibel ist. Das
alles schlägt sich in der Idee beziehungsweise der Hoffnung eines **doppelten Faktor 10** nieder.

Zu viele Schwierigkeiten sieht die ökosoziale Bewegung im Versuch, das Gesamtkapital einer Gesellschaft einschließlich Sozial- und Umweltkapital zu quantifizieren und über die Vergrößerung dieses Kapitals den Nachhaltigkeitsbegriff
zu operationalisieren. Wie Stiglitz und andere in jüngerer Zeit kommen wir, wie
dargestellt, zu dem Schluss, dass solche Versuche aus systemischen Gründen
schwierig sind, weil sie implizit zukünftige Entwicklungen, etwa in Bezug auf Innovationen, vorwegnehmen müssten. Außerdem gibt es für die Substituierbarkeit
verschiedener Kapitalformen prinzipielle Grenzen. So kann Natur zum Beispiel
nicht unbegrenzt durch Ausbildung, Finanzkapital oder Technik ersetzt werden.
Methodisch abgesicherter und sachlich näherliegend erscheinen hier Systeme von
Constraints (vgl. hierzu auch noch einmal die Ausführungen in Kapitel 6).

3   Quantifizierte soziale Balance

Im Unterschied zur heutigen Thematisierung des Sozialen, selbst in sozialen De-
mokratien, quantifiziert die Ökosoziale Marktwirtschaft die soziale Seite der
Nachhaltigkeit in Form eines **balancierten sozialen Ausgleichs** (50 Prozent $\leq$
Ausgleichsquote $\leq$ 65 Prozent im Sinne der Interpretation aus Kapitel 9; vgl. auch
[80, 90]). Dies komplementiert Quantifizierung auf ökonomischer Seite (zum
Beispiel erforderliche Investitionen in Bildung und Forschung) und solche im
Umweltbereich.

Balancierte Equity bringt aufgrund empirischer wie theoretischer Einsichten
den höchsten Wohlstand in langfristiger Perspektive hervor [13, 56, 59, 90, 168].

Sie korrespondiert zugleich am besten mit dem Ziel der **Entfaltung aller humanen Potenziale**, einer Kernforderung von Amartya Sen [131].

4 Investitionen in Bildung und Gesundheit als Wohlstandstreiber

Wie begründet die ökosoziale Bewegung neben der empirischen Seite, dass balancierte Equity den größten Wohlstand hervorbringt? Die zentrale Argumentation [90, 108, 110] bezieht sich auf die Rolle einer guten Ausbildung der gesamten Bevölkerung für die Erzeugung von Wohlstand und den Zusammenhang zwischen Investitionen in Bildung und Investitionen in Gesundheit und Alter (vgl. Kapitel 9).

5 Ethische Basierung

Ethische Anliegen, im Besonderen auch die Konzepte der **Earth Charter** [19] und des **Weltethos** [19, 34, 35, 63], beziehen sich vor allem auf einen fürsorglichen Umgang der Menschheit mit der Umwelt, auf die soziale Situation der Menschen im Sinne von Mindeststandards, auf eine vernünftige Struktur der Ökonomie, etwa mit ausreichend vielen Selbstständigen, einem genügend großen und differenzierten Mittelstand sowie ausreichenden Investitionen in Forschung und Entwicklung. Die **Weltethosfragen** übersetzen sich ebenfalls in Constraints; die Verknüpfung der verschiedenen Bereiche ist unmittelbar möglich. Von hier schließt sich auch die Brücke zur CSR (**Corporate Social Responsibility**) als Forderung an Unternehmen.

6 Aufgreifen der Überlegungen vieler bekannter Persönlichkeiten

Es zeichnet die ökosoziale Philosophie in besonderer Weise aus, dass sie durch die Einsichten vieler großer Persönlichkeiten wesentlich beeinflusst wird, sie andererseits aufgreift und in ihre eigenen Ansätze explizit inkorporiert. Exemplarisch genannt seien folgende große Persönlichkeiten der Neuzeit: **Hernando de Soto, Johan Galtung, Mahatma Gandhi (1869–1948), Jane Goodall, Michail Gorbatschow, Al Gore, Hans Küng, Wangari Maathai, Coimbatore Krishnarao Prahalad (1941–2010), John Rawls, Joseph Schumpeter (1883–1950), Amartya Sen, Vandana Shiva, Carl Friedrich von Weizsäcker** und **Muhammad Yunus**. In »Ökosoziale Marktwirtschaft: Ideen, Bezüge, Perspektiven« [56] werden we-

sentliche Anliegen viele dieser Persönlichkeiten jeweils in Termini einer Öko-sozialen Marktwirtschaft und eines entsprechenden **Nachhaltigkeitsdreiecks** aufgearbeitet und es wird auf die entsprechende Literatur hingewiesen. Diese engen Bezüge bereichern das Verständnis des ökosozialen Paradigmas in sub-stanzieller Weise. Einige charakteristische Beziehungen werden nachfolgend zu-sammenfassend aufgelistet:

	Ökonomie	Soziales	Ökologie
Jane Goodall	A prosperous world for all; peaceful relations among humans; fair partner-ship in prosperity	Peace among all crea-tures; overcoming po-verty; human rights	Responsibility for all life; caring for the dignity of us and our closest relatives
Michail Gorbatschow	Fair partnership in prosperity	Peace; conflict reso-lution; overcoming poverty; human rights	Responsibility for our planet
Al Gore	Capitalism	Fight against poverty	Climate protection
Hans Küng	Freedom, responsi-bility, accountability, compliance in mar-kets	Dignity for all hu-mans; respect of and caring for nature	Respect of and caring for nature
John Rawls	Freedom (e.g. demo-cracy and freedom in markets)	Intergenerational justice (e.g. fulfilling basic needs; educa-tion for all; proper institutions)	Intragenerational justice (e.g. protecting the environment for future generations)
Amartya Sen	Democracy and free-dom in markets	Suppositions to make freedom possible (education systems; health systems; proper institutions)	Responsibility when dealing with conse-quences of freedom (»polluter pays«, e.g. in dealing with the climate issue)
Vandana Shiva	Markets under demo-cratic control; markets for people, a Global Marshall Plan	Protection of all people; special emphasis on poor people; special emphasis on women	Peace for nature; biodiversity in food production

	Ökonomie	Soziales	Ökologie
Carl Friedrich v. Weizsäcker	Partnership in prosperity	Peace; human rights; world domestic policy	Responsibility for the planet, destruction of nuclear weapons, climate protection
Muhammad Yunus	Freedom (democracy, freedom in markets, participation, access to credit, social business)	Eliminating poverty	Responsibility for the environment and resource base

7 Wachstumsperspektiven, doppelter Faktor 10

Die ökosoziale Bewegung spricht sich für Wachstum aus, sofern es mit Nachhaltigkeit kompatibel ist und alle sonstigen **Anliegen**, die mehrheitsfähig sind, über Constraints implementiert sind (grünes Wachstum). **Maximierung unter Constraints = Optimierungsaufgabe** ist der gewählte Ansatz. Balancierte Equity in Verbindung mit den anderen, aus Nachhaltigkeit resultierenden Grenzforderungen bringt aufgrund empirischer wie theoretischer Einsichten in mittel- und langfristiger Perspektive den höchsten Wohlstand hervor. Dies korrespondiert zugleich am besten mit dem Ziel der Entfaltung aller humanen Potenziale. Eine glaubwürdige Wachstumsperspektive für den Globus über die nächsten 70 Jahre sieht das ökosoziale Paradigma bei Etablierung einer weltweiten sozialen Marktwirtschaft als erreichbar an. Die Chance für ein **Weltwirtschaftswunder**, das voll mit Nachhaltigkeit kompatibel ist, wird durch den Ansatz »doppelter Faktor 10« (vgl. Kapitel 12) erschlossen. Dies ist ein Programm der Hoffnung und Motivation [96, 97, 104].

8 Vorstellungen darüber, was passiert, wenn eine Komponente der Ökosozialen Marktwirtschaft fehlt

Die ökosoziale Bewegung thematisiert auch den Versagensfall, also die Frage, was passiert, wenn eine vernünftige Global Governance nicht gelingt (vgl. Kapitel 10). Dies geschieht auf Basis umfangreicher Systemanalysen im Rahmen großer EU-geförderter Forschungsprojekte, die vor einigen Jahren durchgeführt wurden [80, 90]. Gemäß den Analysen gilt es, sich auf die Möglichkeiten eines **ökologischen Kollapses** beziehungsweise der **Brasilianisierung** der Welt einzustellen. Letzteres ist in zwei Varianten möglich, entweder als neofeudale weltweite Struktur oder alternativ als kommunistisch-planwirtschaftliches weltweites Armutskonstrukt (vgl. Kapitel 10). Geschätzte Eintrittswahrscheinlichkeiten für die genannten Fälle sind 15 Prozent; 40 Prozent; 10 Prozent. Eine 35-Prozent-Wahrscheinlichkeit verbleibt für die angestrebte **Welt in Balance** und ein resultierendes Weltwirtschaftswunder entlang der Leitidee eines **doppelten Faktors 10**, kompatibel mit dem Ziel einer nachhaltigen Entwicklung (vgl. 7. in diesem Kapitel).

9   Wiederinkraftsetzen klassischer ökonomischer Theorien

Würde das ökosoziale Paradigma weltweit umgesetzt, würde dies in vielen Bereichen die klassische ökonomische Theorie wieder in Kraft setzen [105, 106]. Es ist eine wesentliche Erkenntnis der ökosozialen Bewegung, dass vernünftige weltweite Ordnungsbedingungen dazu führen würden, dass die »**unsichtbare Hand**« von Adam Smith wieder in die richtige Richtung weist. Sie erweitert auch Riccardos positive Einschätzung von Welthandel in die Richtung, dass dann, wenn man richtig vorgeht, Welthandel letztlich allen Menschen zugute kommen würde [123]. Man kann dann auch mit einem Konzept wie dem heutigen BIP (ggf. in einer zielführenden Modifikation als **Nettoinlandsprodukt**) leben, weil es bei Beachtung der Constraints, die Nachhaltigkeit **operationalisieren**, in der Tendenz in die angestrebte Richtung weist. Ein Gesamtkapital der Welt, das ökologische, kulturelle, soziale und finanzielle Komponenten mit umfasst, lässt sich hingegen aus ökosozialer Sicht nicht adäquat berechnen. Und es kommt auch nicht darauf an, ob das BIP genau den Wohlstand misst; das tut es nicht. Es kommt mehr darauf an, dass in der Folge der Jahre ein Wachstum des BIP zumindest in der Tendenz auch eine Verbesserung der Ausstattung von Menschen mit Gütern und Service anzeigt.

Es sei ergänzend bemerkt, dass selbst heute, das heißt bei Nichtbeachtung vieler die Nachhaltigkeit charakterisierender Constraints die Korrelation zwischen BIP und zum Beispiel Human Development Index dennoch groß ist. Das liegt daran, dass in den Human Development Index das BIP einfließt, aber zum

Beispiel auch die Bildungs- und Gesundheitssituation der Menschen, und dass tendenziell mit einem höheren BIP auch eine bessere Bildungs- und Gesundheitssituation der Menschen verbunden ist.

10 Ein stringenter Weg zu einem funktionierenden globalen Governancesystem

Der gewählte Ansatz der ökosozialen Bewegung ist voll mit dem **Subsidiaritäts-Prinzip** kompatibel. Dies folgt dem Beispiel der EU: Die EU erweist sich zudem als vernünftige **supranationale Governancestruktur**, die vergleichweise gut funktioniert und vielen ökonomisch schwächeren Ländern durch Aufnahme in die EU den Weg zu mehr Wohlstand eröffnet hat, ohne die entwickelten EU-Länder dabei ärmer zu machen [28, 97, 108, 134, 155]. Die EU hat eine ökosoziale Struktur, sie ist zugleich die einzige supranationale Struktur, die gut funktioniert. Sie beweist, dass der ökosoziale Ansatz auch supranational ein großes Potenzial hat.

Die ökosoziale Bewegung hat einen praktikablen Vorschlag entwickelt, wie eine vernünftige Global Governance zu etablieren ist. **Die WTO ist mit anderen globalen Regimen vernünftig zu verknüpfen** [33, 36, 87, 99]. Diese Position findet sich ähnlich in einem interessanten aktuellen Text der Great Transition Initiative [49] und dem aus Sicht des **internationalen Rechts** geschriebenen Text [36]. Auf ergänzende Überlegungen zum Thema von Joseph Stiglitz, Klaus Töpfer und Jean Ziegler sei ebenfalls an dieser Stelle verwiesen [146, 147, 149, 151, 176].

Einen ähnlichen Ansatz verfolgt auch Frau Merkel, die diesen Ansatz in großer systematischer Stringenz in ihren zwei richtungsweisenden Reden bei der Eröffnung der Weltwirtschaftsforen 2006 und 2007 in Davos (www.bundesregierung.de/nn_23272/Content/DE/Rede/2006/01/2006-01-25-rede-von-bundeskanzlerin-angela-merkel-auf-dem-weltwirtschaftsforum-am-25-januar-2006-in-davos. html) vertreten hat (vgl. zum Beispiel [78]) und die jüngst, in Reaktion auf die Weltfinanzmarktkrise, eine in diese Richtung weisende **Charta für nachhaltiges Wirtschaften** vorgeschlagen hat (www.bundeskanzlerin.de/nn_700276/Content/DE/Artikel/2009/01/2009-01-30-podcast.html), die im Zusammenwirken der großen internationalen Organisationen umgesetzt werden soll. Besonders positiv hervorzuheben ist, dass die Verantwortlichen all dieser großen internationalen Organisationen diese Position unterstützt haben, vgl. hierzu auch das gemeinsame Kommuniqué von Bundeskanzlerin **Angela Merkel**, OECD-Generalsekretär **Angel Gurría**, WTO-Generaldirektor **Pascal Lamy**, ILO-Generalsekretär **Juan Somavia**, dem Geschäftsführenden Direktor des IWF **Dominique Strauss-Kahn** und Weltbank-Präsident **Robert B. Zoellick** anlässlich ihres Treffens am 5. Februar 2009 in Berlin (http://www.bundeskanzlerin.de/ nn_915656/Content/DE/ Pressemitteilungen/BPA/2009/02/2009-02-05-presse-erkaerung-merkel-io.html9).

11   Vernünftige Regulierung des Weltfinanzsystems

Die ökosoziale Bewegung hat nicht nur die Weltfinanzkrise vorausgesagt [138], sie hat auch ein tieferes Verständnis für die Krise erarbeitet und Elemente einer vernünftigen Regulierung des Weltfinanzsystems vorgestellt (mit Mechanismen wie Erhöhung der Transparenz, Erschließung neuer Steuermittel, Einbringen von »Reibung«, Schließung von Finanzoasen et cetera [60, 74, 100, 102, 108, 127, 129, 138, 139, 140]). Eine adäquate Regulierung des Weltfinanzsystems ist eine zentrale Komponente der ökosozialen Philosophie.

12   Explizite Unterstützung für das ökosoziale Paradigma durch Personen der Zeitgeschichte / Testimonials

	Begriffe	Referenzen
Roger de Weck (früher Wirtschafts-redaktion der ZEIT)	Ökosoziale Marktwirtschaft	Nach der Krise – Gibt es einen anderen Kapitalismus?, Nagel & Kimche, 2009 [16]
Dr. Heinz Fischer (Bundespräsident Österreich)	Zukunftschance Ökosoziale Markt-wirtschaft	Buch »Welt in Balance«, Eröffnungstext anlässlich der Veranstaltung »Zukunftschance Ökosoziale Marktwirtschaft – Friulanisches Manifest und Global Marshall Plan« am 15.10.2004 im Haus der Industrie in Wien [25, 41]

Begriffe	Referenzen
Dr. Franz Fischler (früherer EU-Agrar-Kommissar, Präsident des Ökosozialen Forums Europa)	»Ernährung sichern – weltweit, Ökosoziale Gestaltungsperspektiven«, Hg. Franz-Theo Gottwald & Franz Fischler, Murmann Verlag, Hamburg, 1. Auflage Dez. 2007 [27] »Mit ökosozialen Strategien aus der Krise«, Agrarische Rundschau 5/2009, Hg. Ökosoziales Forum Österreich »Ökosoziale Marktwirtschaft. Für eine zukunftsfähige Gesellschaftsordnung«, Programmpapier des Ökosozialen Forums Österreich, 1. Auflage Dez. 2009, 2. Auflage März 2010
John Galtung (Friedensforscher)	Ökologische und soziale Wirtschaft	»Peace Business: Humans and Nature Above Markets and Capital«, Transcend University Press, A Peace and Development Network, 2009 [34, 124]
Dr. Heiner Geißler (früherer CDU-Generalsekretär)	(Internationale) Ökosoziale Marktwirtschaft	Buch »Ou Topos«, Kiepenheuer & Witsch, 2009 [37]
Alois Glück (Präsident des Zentralkomitees der deutschen Katholiken (ZdK))	Ökosoziale Marktwirtschaft	Buch »Warum wir uns ändern müssen«, F. A. Herbig, Verlagsbuchhandlung GmbH, München, 1. Auflage Januar 2010, 2. Auflage März 2010 [43]
Horst Köhler (früherer Bundespräsident)	Ökologische Soziale Marktwirtschaft	Das ungezähmte Monster – Die Reform der Weltfinanzordnung verlangt Beteiligung der Gewerkschaften, Ansprache anlässlich der Festveranstaltung »60 Jahre DGB« am 05.09.2009 [64]
Prof. Dr. Hans Küng (Weltethosbewegung)	Sozial und ökologisch regulierte Marktwirtschaft	Buch »Weltethos«. Piper, München, 1990 [65] Buch »Anständig wirtschaften – Warum Ökonomie Moral braucht«, Piper Verlag, 2010 [67]
Dr. Christopher Leitl (Präsident Wirtschaftskammer Österreich)	Österreich ist das Land der Ökosozialen Marktwirtschaft	Statement abrufbar unter: www.faw-neu-ulm.de

Begriffe	Referenzen
Josef Pröll (bis 2. Dezember 2008 Landwirtschafts- und Umweltminister, seither Finanzminister und Vizekanzler der Bundesregierung, Österreich)	»Österreich hat schon lange vor der Etablierung der Grundprinzipien nachhaltiger Entwicklung auf internationaler Ebene das Konzept der Ökosozialen Marktwirtschaft entwickelt und begonnen, es politisch umzusetzen«. »Der Weg aus der Krise führt über die Stabilisierung des Finanzwesens. Insofern habe der Staat die Krise der Banken abzupuffern. Doch das ist keine Rückkehr zur Verstaatlichung, der Staat hilft in der Krise, das Ziel bleibt die Ökosoziale Marktwirtschaft«. »Wir sind die Partei der Ökosozialen Marktwirtschaft« (in: die övp denkt vor. perspektiven 2010)

15   Gibt es Hoffnung?*

In jeder Krise liegt auch eine Chance, obwohl man in einer Krise meist auch einen hohen Preis zahlt. Der hohe Preis besteht heute in der deutlich verschlechterten Situation der Staaten, die jetzt mit sehr hohen Schulden konfrontiert sind. Die Abarbeitung dieses Schuldenbergs wird **nicht** primär dadurch gelingen, dass man im sozialen Bereich den Gürtel enger schnallt – die Dimensionen dieses Unterfangens würden die Demokratie sprengen. Der praktische Ansatz ist, endlich die globalen ökonomischen Prozesse und vor allem auch die Wertschöpfungsprozesse im Finanzsektor **angemessen zu besteuern**. Das ist aus ordnungspolitischen Gründen nötig, ist eine Frage der Gerechtigkeit wie der klugen Vernunft, würde aber auch die »Reibung« bestimmter Prozesse etwas erhöhen und damit mehr Stabilität bringen, ferner die Transparenz verbessern und im weitesten Sinne die Fähigkeit zum Management dieser Prozesse verbessern. Zentral ist Steuerharmonisierung, aber auch die Einhegung der Steuerparadiese, und zwar nicht nur durch vermehrte Transparenz, sondern auch durch Mindestbesteuerungsniveaus.

Die deutlich erschwerte Lage der Nationalstaaten befördert heute Überlegungen in die beschriebene Richtung. Zum Beispiel hat sich die EU hier gerade zielgerichtet positioniert (www.ad-hoc-news.de/eu-gipfel-ddp-hintergrund-die-ergebnisse-des--/de/Politik/20791226). Auch der Chef des IWF, **Dominique Strauss-Kahn**, hat sich inzwischen positiv zu einer internationalen Besteuerung des Finanzsektors geäußert. Die Frankfurter Rundschau schreibt:

---

*   siehe auch: Radermacher, F. J., E.L.A. Herlyn: Ökosoziale Marktwirtschaft: Ideen, Bezüge, Perspektiven. FAW/n-Bericht, 2010

IWF-Chef Dominique Strauss-Kahn spricht sich für eine länderübergrei-
fende Besteuerung von Finanzaktivitäten aus, um für künftige Krisen bes-
ser gewappnet zu sein. Im April wolle der Internationale Währungsfonds
(IWF) den G-20-Staaten einen konkreten Vorschlag dazu machen. »Eine
Besteuerung ist aus zwei Gründen notwendig: Erstens, um den Finanzsek-
tor dazu zu bekommen, weniger Risiken einzugehen. Zweitens, um Geld für
künftige Krisen zu bekommen«, sagte Strauss-Kahn. (FR 2.2.2010; S. 16)

Signifikant ist in diesem Kontext der Übergang von **G8 nach G-20**. Im Besonderen weltsoziale Fragen, Ressourcenfragen, Klimafragen stellen sich auf G-20-
Ebene ganz anders als auf G8-Ebene. In der G-20 sind zwei Drittel der Weltbevölkerung und 90 Prozent der Weltwirtschaftsleistung vertreten; das ist eine
starke Annäherung an stärkere weltdemokratische Verhältnisse – ein wesentlicher Fortschritt in **Global Governance**.

Es gibt Hoffnung, dass die G-20 das Thema der Steuerparadiese, wie das
Thema einer besseren Governance des Finanzsektors, konsequent adressiert. Und
vielleicht gibt es ja auch Hoffnung im Klimabereich [103, 107]. Zumindest von
der Sache her sind die Zukunftsfragen beherrschbar. Das gilt auch nach den
jüngsten Natur- und Technikkatastrophen in Japan. Wir sind in einer guten Aus-
gangssituation in Bezug auf Können, Wissen, Methodologie und notwendige finanzielle, humane und technische Ressourcen. Wir müssen nur erkennen, dass
die **aktuelle Situation die breite Kooperation der Staaten** und ein Denken und
Handeln in mittelfristigen Zeiträumen, also **mehrere Jahrzehnte, erfordert**. Für
eine vernünftige Zukunft gibt es jetzt eine gemeinsame Orientierungslinie: einen
doppelten Faktor 10, ermöglicht durch ein adäquates weltweites Governance System – **ökosozial statt marktradikal**.

Hierzu gilt es, das ökosoziale Paradigma weltweit durchzusetzen. Das ist das
»lange Bohren dicker Bretter« im Sinne von Max Weber. Die Seite, die bisher
profitiert hat, sträubt sich und sitzt überall mit ihrem Geld und mit einer un-
glaublich stark ausgebildeten Lobby: in fast allen politischen Strukturen, den Verbänden, auch in den Strukturen der Wissenschaft und in den großen Medien.
Sich dagegen zu wehren, ist nicht einfach. Aus dem EU-Parlament wurde kürz-
lich ein Hilferuf artikuliert: »Wir finden keine unabhängige wissenschaftliche

Expertise, überall werden die einschlägigen Strukturen in ihrer Arbeit von den Unternehmen finanziert, die wir besser regulieren müssten.«

Wenn sich etwas ändern soll, müssen wir auf allen Ebenen aktiv werden. Die Politik, die heute entscheidende Fragen auf der Ebene der G-20 angeht, ist wichtig. Und der Übergang von G-8 zu G-20 ist die wohl bedeutendste Folge der Krise. Die Politik muss auf G-20-Ebene endlich das Thema der Steuerparadiese massiv angehen. Sie braucht dabei Hilfe aus dem Unternehmenssektor und Hilfe Seiten der Nichtregierungsorganisationen.

Die Politik muss mit diesen Akteursebenen und den Bereichen Medien, Rechtssystem und Wissenschaft zusammenwirken. Gemeinsam ist es vielleicht zu leisten, das ökosoziale Modell auf den Globus zu übertragen, langfristig die **Demokratie** zu extendieren und, was mindestens so wichtig ist, wesentliche Weltfragen **weltdemokratisch** anzugehen. Die neue Rolle der G-20, immer zu sehen in Wechselwirkung mit den Vereinten Nationen, stellt auch einen wichtigen Schritt in Richtung mehr globaler Demokratie dar. Es kommt darauf an, viele Akteure an den Tisch zu bekommen und stärker als bisher die Interessen aller Menschen zu berücksichtigen, auch in Abgrenzung gegen die speziellen Interessen von Eliten und die von ihnen induzierten Beeinflussungskanäle. Das wird noch ein langer Weg: **go ecosocial – ökosozial statt marktradikal**.

Danksagung

Wir danken J. Altekruse, B. Beyers, Ch. Brüßel, U.M. Drescher, F. Finkbeiner, F. Fischler, W. Foppe, M. Gerth, A. Görres, D. Härthe, P. Grassmann, B. Grießer, G. Grzega, G. Heise, A. Frey, T. Kämpke, U. Möller, J. Riegler, K. Riegler-Picker, J. Saase, E. Scheiber, K. Schwedler, M. Sippel, S. Soekadar, D. Solte, P. Spiegel, P. Spiertz, H. Ünver, D. Wendt, E. U. von Weizsäcker, A. Zahrnt und vielen weiteren Mitstreitern in vielen Organisationen und Kontexten für die langjährige Zusammenarbeit zum Thema.

K. Gansczyk danken wir ganz besonders für viele wertvolle Hinweise und Quellen zur Historie des Begriffs Ökosoziale Marktwirtschaft und E. Herlyn für zahlreiche Beiträge zum Inhalt wie zur Entstehung dieses Buches.

Schließlich gilt der Dank S. Grau-Corsépius, R. Simon, C. Weizinger vom FAW/n in Ulm, ohne deren kompetente und engagierte Betreuung dieses Buch nicht fertig geworden wäre, und dem oekom verlag für die Herausgabe des Buches.

Literatur

1. Alfred Herrhausen Gesellschaft (Hrsg.): Wieviel Bildung brauchen wir? Humankapital in Deutschland. Frankfurt a.M. 2002.
2. Alliance for a Sustainable Information Society. ACTS Project AC303 ASIS. ftp.//ftp.cordis.europa.eu (Mai 2000).
3. Alt, F., Gollmann, R., Neudeck, R.: Eine bessere Welt ist möglich – Ein Marshallplan für Arbeit, Entwicklung und Freiheit. München 2004.
4. Bartosch, U., Gansczyk, K. (Hrsg.): Weltinnenpolitik für das 21. Jahrhundert. Münster u.a. 2008.
5. Beck, U.: Die Neuvermessung der Ungleichheit unter den Menschen. Frankfurt a,M. 2008.
6. Bummel, A.: Internationale Demokratie entwickeln – Für eine Parlamentarische Versammlung bei den Vereinten Nationen – Ein Strategiepapier des Komitees für eine demokratische UNO. Stuttgart 2005.
7. Bund für Umwelt und Naturschutz Deutschland (BUND), Brot für die Welt, Evangelischer Entwicklungsdienst e.V. (Hrsg.): Zukunftsfähiges Deutschland in einer globalisierten Welt. Studie. Frankfurt a.M. 2008.
8. Bund für Umwelt und Naturschutz Deutschland (BUND), Brot für die Welt, Evangelischer Entwicklungsdienst e.V. (Hrsg.): Wegmarken für einen Kurswechsel. Kurzfas-sung von »Zukunftsfähiges Deutschland in einer globalisierten Welt«. www.bund.net (April 2009).
9. Bunzl, J. M.: Solving Climate Change: Transforming International Politics. International Simultaneous Policy Organisation. London 2010.
10. Camerer, C., Thaler, R.: Ultimatums, dictators, and manners. In: Journal of Economic Perspectives 9 (1995), S. 209–219.

11. Club of Rome (Hrsg.): No Limits to Knowledge, but Limits to Poverty: Towards a Sustainable Knowledge Society. Statement of the Club of Rome to the World Summit on Sustainable Development (WSSD). www.clubofrome.org (2002).

12. Club of Rome (Hrsg.): Global Assembly 2009: Climate, Energy and Economic Recovery. www.clubofrome.org (27.10.2009)

13. Cornia, G. A., Court, J.: Inequality, Growth, and Poverty in the Era of Liberalization and Globalization. WIDER Policy Brief 4. www.wider.unu.edu (2001)

14. Dahm, J. D.: Prinzipien einer ökologisch sozialen Marktwirtschaft. Basispapier zu einer zukunftsfähigen Wirtschaftsordnung für das Öko-soziale Forum Deutschland (ÖSF). www.oesf.de (2009).

15. de Soto, H.: Freiheit für das Kapital! Warum der Kapitalismus nicht weltweit funktioniert. Berlin 2002.

16. de Weck, R.: Nach der Krise: Gibt es einen anderen Kapitalismus? Zürich 2009.

17. Diamond, J.: Kollaps. Warum Gesellschaften überleben oder untergehen. Frankfurt a.M. 2005.

18. Dyckhoff, H., Souren, R.: Nachhaltige Unternehmensführung. Berlin 2008.

19. Earthcharter: www.earthcharter.org

20. Ehlert, S.: Wangari Maathai – Mutter der Bäume. Die erste afrikanische Friedensnobelpreisträgerin. Freiburg 2004.

21. Ekardt, F.: Wird die Demokratie ungerecht? – Politik in Zeiten der Globalisierung. München 2007.

22. Emmerich-Fritsche, A.: Vom Völkerrecht zum Weltrecht. In: Rechtsfragen der Globalisierung 13 (2007).

23. Equator Principles: http://de.wikipedia.org

24. Erklärung der Friedensnobelpreisträger: www.nobel-cause.de (2009)

25. Fischer, H.: Welt in Balance. Eröffnungstext anlässlich der Veranstaltung »Zukunftschance Ökosoziale Marktwirtschaft – Friulanisches Manifest und Global Marshall Plan« am 15.10.2004 im Haus der Industrie in Wien.

26. Fischer, E. P., Wiegandt, K. (Hrsg.): Die Zukunft der Erde – Was v erträgt unser Planet noch? Frankfurt a.M. 2006.

27. Fischler, F., Gottwald, F.-T. (Hrsg.): Ernährung sichern – weltweit. Ökosoziale Gestaltungsperspektiven. Hamburg 2007.

28. Fischler, F., Ortner, Ch.: Europa – Der Staat, den keiner will. Salzburg 2006.

29. Forschungsinstitut für anwendungsorientierte Wissensverarbeitung (Hrsg.): Informationsgesellschaft und Nachhaltige Entwicklung. Ergebnisband der Stuttgart-Konferenz, 2. Juli 1998. Ulm 2000.

30. Forschungsinstitut für anwendungsorientierte Wissensverarbeitung (Hrsg.): Information Society, Globalisation and Sustainable Development: The promise of a »European Way«. EXPO 2000 Conference, Hannover 2004.

31. Forum Info 2000 / Forum Informationsgesellschaft: Herausforderungen 2025. Auf dem Weg in eine weltweite nachhaltige Informationsgesellschaft, 1998

32. Forum Info 2000 / Forum Informationsgesellschaft, Arbeitsgruppe Informationsgesellschaft und nachhaltige Entwicklung: Informationsgesellschaft, Globalisierung und nachhaltige Entwicklung. Perspektiven für einen europäisch-inspirierten Weg, 2000.

33. Frey, A.: Zielerreichung internationaler Verträge. Das Konzept Weltvertrag. Baden-Baden 2008.

34. Galtung, J.: Peace Business: Humans and Nature Above Markets and Capital. Transcend University Press. www.transcend.org (2009)

35. Gansczyk, K.: Alternative foreign policies – World domestic policy: World domestic policy and intercultural humanism. www.sonnenseite.com (29.03.2010)

36. Gehring, T.: Schutzstandards in der Welthandelsordnung. Die Koppelung der WTO an standardsetzende internationale Institutionen. In: Brüggemeier, G. (Hrsg.): Transnationalisierung des Rechts. Baden-Baden 2004.

37. Geißler, H.: Ou Topos: Suche nach dem Ort, den es geben müsste. Köln 2009.

38. Gemper, B.: Ludwig Erhard revisited, Soziale Marktwirtschaft. In: Das Parlament 13 (2007) – Beilage Aus Politik und Zeitgeschichte

39. Gemper, B.: Die Soziale Marktwirtschaft – eine freiheitliche Wirtschaftsordnung. In: WISU das Wirtschaftsstudium 7 (2008).

40. Global Marshall Plan Initiative (Hrsg.): Mit einem Planetary Contract für eine Ökosoziale Marktwirtschaft weltweit Frieden, Freiheit und nachhaltigen Wohlstand ermöglichen. Ein Statement der Global Marshall Plan Initiative. Stuttgart 2004.

41. Global Marshall Plan Initiative (Hrsg.): Welt in Balance: Zukunftschance Ökosoziale Marktwirtschaft. Global Marshall Plan Foundation, Hamburg 2004.

42. Glotz, P.: Die beschleunigte Gesellschaft – Kulturkämpfe im digitalen Kapitalismus. Berlin 2001.

43. Glück, A.: Warum wir uns ändern müssen. München 2010.

44. Goodall, J.: In the Shadow of Man. Boston 2000.

45. Goodall, J., Berman, P.: Grund zur Hoffnung. München 2010.

46. Gore, A.: Wege zum Gleichgewicht. Ein Marshallplan für die Erde. Frankfurt a.M. 1992.

47. Grassmann, P. H.: Plateau 3 – Zukunft vererben. Hamburg 2007.

48. Grassmann, P. H.: Burn Out: Wie wir eine aus den Fugen geratene Wirtschaft wieder ins Lot bringen. München 2010.

49. Great Transition Initiative: World Trade: A new direction. www.GTInitiative.org (Januar 2010)

50. Grzimek, B., Lorenz, K., Weinzier, H.: Langzeitökonomie: Orientierung und Argumentation. Kloster Biburg/Ndb. Februar 1977

51. Heißenhuber, A.: Bodennutzung zwischen Markt und Gemeinwohl – Nachhaltige Landnutzung und zukunftsfähiger Lebensstil. Würzburg 2010.

52. Held, D.: Soziale Demokratie im globalen Zeitalter. Berlin 2007.

53. Herlyn, E.L.A.: Globalisierung, sozialer Ausgleich, Demokratie: Einsichten aus spieltheoretischen Analysen. Beitrag im Rahmen der GLOBArt Academy im Kloster Pernegg 2009. www.globart.at

54. Herlyn, E.L.A.: Einkommensverteilungsbasierte Präferenz- und Koalitionsanalysen auf der Basis selbstähnlicher Equity-Lorenzkurven – Ein Beitrag zu Quantifizierung sozialer Nachhaltigkeit. Laufendes Dissertationsverfahren zur Erlangung des akademischen Grades Dr. rer.pol. an der wirtschaftswissenschaftlichen Fakultät RWTH Aachen.

55. Herlyn, E.L.A., Radermacher, J. F.: Governance, Demokratie, Zukunftsfragen – Zur Rolle der Millenniumsentwicklungsziele und eines Global Marshall Plan im Kontext der Globalisierung. FAW/n Report. Ulm 2007. www.faw-neu-ulm.de

56. Herlyn, E.L.A., F. J. Radermacher: Ökosoziale Marktwirtschaft: Ideen, Bezüge, Perspektiven. FAW/n Report. Ulm 2010. www.faw.neu-ulm.de

57. Information Society Forum (Hrsg.): 2nd Annual Report 1997. www.clubofrome.at

58. Information Society Forum (Hrsg.): The European Way for the Information Society. European Commission. Brüssel 2000.

59. Jacobs, G., Šlaus I.: Indicators of Economic Progress: The Power of Measurement and Human Welfare. In: Cadmus Journal, 1/1 (2010), S. 53–113.

60. Jarass, L., Obermair, G.M.: Jeder sollte Steuern zahlen – Ein Beitrag zur Unterneh-menssteuerreform 2008. Global Marshall Plan Initiative (Hrsg.) www.globalmarshallplan.org (2006).

61. Kämpke, Th., Pestel, R., Radermacher, F.J.: A computational concept for normative equity. In: European Journal of Law and Economics 15 (2002), S. 129–163.

62. Kay, J.: The truth about markets. Why some nations are rich but must remain poor. London u.a. 2004.

63. Köhler, H.: Was gehen uns andere an? Rede von Bundespräsident Horst Köhler auf Einladung der Stiftung Weltethos an der Universität Tübingen am 1. Dezember 2004.

64. Köhler, H.: Das ungezähmte Monster – Die Reform der Weltfinanzordnung verlangt Beteiligung der Gewerkschaften. Ansprache von Bundespräsident Horst Köhler anlässlich der Festveranstaltung »60 Jahre DGB« am 05.09.2009.

65. Küng, H.: Projekt Weltethos. München 1990.
66. Küng, H.: Weltethos für Weltpolitik und Weltwirtschaft. München 1997.
67. Küng, H.: Anständig wirtschaften – Warum Ökonomie Moral braucht. München 2010.
68. Lakoff, G.: Don't Think of an Elephant! Know Your Values and Frame the Debate. The Essential Guide for Progressives. Vermont 2004.
69. Lamy, Pascal: Umwelt kommt vor dem Handel. In: Südwestpresse 12/2009.
70. Latif, M. Wiegandt, K. (Hrsg.): Bringen wir das Klima aus dem Takt? Hintergründe und Prognosen. Frankfurt a.M. 2007.
71. Layard, R.: Die Glückliche Gesellschaft – Kurswechsel für Politik und Wirtschaft. Frankfurt a.M. 2005.
72. Maathai, V.: Afrika, mein Leben. Köln 2006.
73. Mader, G. u.a.: Der totale Markt – Gefahr für den Sozialstaat und Demokratie. Wien 2001.
74. Martinuzzi, A., Sedlacko, M.: Bausteine einer krisenfesten Marktwirtschaft. Bestandsaufnahme und Abgrenzung des Forschungsbedarfs in den Wirtschaftswissenschaften. Projektbericht 1/2009. In: Schriftenreihe des Research Institute for Managing Sustainability, Wirtschaftsuniversität Wien (www.sustainability.eu)
75. McCraw, T.: Joseph A. Schumpeter. Eine Biografie. Hamburg 2008.
76. Meadows, D.L., Meadows, D.H, Zahn, E.: Die Grenzen des Wachstums. Bericht des Club of Rome zur Lage der Menschheit. München 1972.
77. Meadows, D.L., Meadows, D.H., Randers J.: Grenzen des Wachstums – Das 30-Jahre Update – Signal zum Kurswechsel. Stuttgart 2006.
78. Meemken, H.: Systemische Markttheorie. Eine systemtheoretische Neuinterpretation der Allgemeinen Theorie der Beschäftigung, des Zinses und des Geldes. Marburg 2009.
79. Merkel, A.: Rede anlässlich des Weltwirtschaftsforums am 25.01.2006 in Davos. www.bundesregierung.de
80. Mesarovic, M., Pestel, R., Radermacher, F. J.: Which Future? Contribution to EU Projekt Terra. www.terra2000.org (2003)
81. Meyer-Abich, K. M., Schefold, B.: Die Grenzen der Atomwirtschaft. München 1986.

82. Nachhaltigkeitsbeirat der Landesregierung Baden-Württemberg (NBBW): Nachhaltiger Klimaschutz durch Initiativen und Innovation aus Baden-Württemberg. Sondergutachten. Stuttgart 2003.

83. Nachhaltigkeitsbeirat der Landesregierung Baden-Württemberg (NBBW): Zur Fortentwicklung der baden-württembergischen Klima-doppelstrategie: Ein wirkungsvolles globales Klima nach Kopenhagen. Sondergutachten. Stuttgart 2010.

84. Nachhaltigkeitsbeirat der Landesregierung Baden-Württemberg (NBBW): Nachhaltigkeits-Doppelstrategie. Wirksame Beiträge Baden-Württembergs zur weltweiten nachhaltigen Entwicklung. Sonder-gutachten. Stuttgart 2010.

85. Neirynck, J.: Der göttliche Ingenieur. Renningen 1994.

86. Neudeck, R., Pinger, W.: Stärke der Armen, Kraft der Würde. Ein Bericht an die Global Marshall Plan Initiative. Hamburg 2007.

87. Ökosoziales Forum Österreich: Ökosoziale Marktwirtschaft für eine zukunftsfähige Gesellschaftsordnung. www.oekosozial.at (Dezember 2009)

88. Ökosoziales Studierenden Forum: Go Eco Social. www.go-ecosocial.at

89. Osterhammel, J.: Sklaverei und die Zivilisation des Westens. München 2009.

90. Pestel, R., Radermacher, F. J.: Equity, Wealth and Growth: Why Market Fundamentalism Makes Countries Poor. Manuscript to the EU Project TERRA 2000. www.faw-neu-ulm.de (2003).

91. Petit, P. U. (Hrsg.): Earth Capitalism. Creating a New Civilization through a Responsible Market Economy. New Brunswick u.a. 2011.

92. Prahalad, C. K.: Fortune at the Bottom of the Pyramid. New Jersey 2009.

93. Prahalad, C. K.: Ideen gegen Armut: Der Reichtum der Dritten Welt. München 2010.

94. Radermacher, F. J.: Der Weg in die Informationsgesellschaft: Analyse einer politischen Herausforderung. In: Henn, R. (Hrsg.): Technologie, Wachstum und Beschäftigung. Festschrift für Lothar Späth. Heidelberg 1987.

95. Radermacher, F. J.: Globalisierung und Informationstechnologie. In: Bartosch, U., Wagner, J. (Hrsg): Weltinnenpolitik. Münster 1998.

96. Radermacher, F. J.: Die neue Zukunftsformel. In: bild der wissenschaft 4 (2002), S. 78–86.

97. Radermacher, F. J.: Balance oder Zerstörung: Ökosoziale Marktwirtschaft als Schlüssel zu einer weltweiten nachhaltigen Entwicklung. Ökosoziales Forum Europa (Hrsg.). Wien 2002.

98. Radermacher, F. J.: Global Marshall Plan – Ein Planetary Contract. Für eine weltweite Ökosoziale Marktwirtschaft. Ökosoziales Forum Europa (Hrsg).Wien 2004.

99. Radermacher, F. J.: Ökosoziale Grundlagen für Nachhaltigkeitspfade – Warum der Marktfundamentalismus die Welt arm macht. In: GAIA 13/3 (2004), S. 170-175.

100. Radermacher, F. J.: Globalisierung gestalten – Die neue zentrale Aufgabe der Politik. Berlin 2006.

101. Radermacher, F. J.: Land schafft Leben – regional und global. FAW/n-Bericht. Ulm 2008. www.faw-neu-ulm.de

102. Radermacher, F. J.: Weltfinanzmarktkrise: Hintergründe, Wirkungsmechanismen, Perspektiven. FAW/n-Bericht. Ulm 2009. www.faw-neu-ulm.de

103. Radermacher, F. J.: Weltklimapolitik nach Kopenhagen – Umsetzung der neuen Potentiale. FAW/n-Report. Ulm 2010. www.faw-neu-ulm.de

104. Radermacher, F. J.: Doppelter Faktor 10: Verantwortung und Wachstum im 21. Jahrhundert. In: PwC Kundenmagazin. Sonderheft (2010) zum Thema »Nachhaltigkeit«.

105. Radermacher, F. J.: Die Wirtschaftswissenschaften nach der Krise – Einige Hinweise zur Orientierung. Manuskript FAW/n. Ulm 2010. www.faw-neu-ulm.de

106. Radermacher, F. J.: Weiterentwicklung der Curricula der Wirtschaftswissenschaften – 50 einschlägige Themenstellungen ökosozialen Typs. Manuskript FAW/n. Ulm 2010. www.faw-neu-ulm.de

107. Radermacher, F. J.: Welklimapolitik nach Kopenhagen und Cancún. FAW/n-Bericht, Ulm 2011. www.faw-neu-ulm.de

108. Radermacher, F. J., Beyers, B.: Welt mit Zukunft – Überleben im 21. Jahrhundert. Hamburg 2007. Überarbeitete Neuauflage: Welt mit Zukunft. Die ökosoziale Perspektive. Hamburg 2011.

109. Radermacher, F. J., Milde, R.: Last Exit 2050 – Kathy, George und die Sehmaschine, Uraufführung Ulmer Theater, 1999.
110. Radermacher, F. J., Spiegel, P., Obermüller, M.: Global Impact – Der neue Weg zur globalen Verantwortung. München 2009.
111. Radermacher, F. J., Wehsener, S.: Musical »The Globalization Saga – Balance or Destruction – Balance oder Zerstörung«. Ulm 2003.
112. Raich, M., Dolan, S. L.: Jenseits der Komfortzone – Wirtschaft und Gesellschaft übermorgen. Göttingen 2008.
113. Reiche, D., Töpfer, K.: Grundlagen der Energiepolitik. Frankfurt u.a. 2005.
114. Reuter, E.: Stunde der Heuchler. Wie Manager und Politiker uns zum Narren halten. Eine Polemik. Berlin 2010.
115. Riegler, J.: Antworten auf die Zukunft, Ökosoziale Marktwirtschaft. Wien 1990.
116. Riegler, J.: Den Blick nach vorn – Ökosozial leben und wirtschaften. Club Niederösterreich in Kooperation mit dem Ökosozialen Forum Steiermark und dem Ökosozialen Forum Österreich. November 2009.
117. Riegler, J., Moser, A.: Ökosoziale Marktwirtschaft – Denken und Handeln in Kreisläufen. Graz u.a.1996.
118. Riegler, J., Radermacher, F.J.: Global Marshall Plan: Balance the world with an Eco-Social Market Economy. Ökosoziales Forum Europa Wien und Global Marshall Plan Initiative (Hrsg.). Hamburg 2004.
119. Riegler, J., Scheiber, E.: Querdenker – Ökosozial statt marktradikal. Wien 2007.
120. Rijnhout, L., Schauer. T.: (Hrsg.) Socially Sustainable Economic Degrowth. Proc. of a Workshop in the European Parliament on April 16, 2009 upon invitation by Bart Staes MEP and the Greens/European Free Alliance. The Club of Rome European Support Centre. Vienna 2009 (www.clubofrome.at)
121. Rockström, J.: Plantetary Boundaries. In: Nature (2010)
122. Sabet, H.: Globale Maßlosigkeit – Der (un)aufhaltbare Zusammenbruch des weltweiten Mittelstands. Ein Report an die Global Marshall Plan Initiative. Düsseldorf 2005.

123. Samuelson, P. A.: Where Ricardo and Mills rebut and confirm arguments of main-stream economists supporting globalization. In: Journal of Economic Perspectives 18 (2004), S. 135–146.

124. Santa Barbara, J., Dubee, F., Galtung, J.: Peace Business – Humans and Nature Above Markets and Capital. www.transcend.org/tup (2009)

125. Scherhorn; G.: Die Politik in der Wachstumsfalle. In: Wirtschaftspolitische Blätter 57/4 (2010), S. 505–532.

126. Schmidt, H.: Allgemeine Erklärung der Menschenpflichten. München 1998.

127. Schmidt, H.: Beaufsichtigt die neuen Großspekulanten. In: Die Zeit 06/2007.

128. Schmidt-Bleek, F.: Das MIPS-Konzept – Weniger Naturverbrauch – mehr Lebensqualität durch Faktor 10. München 1998.

129. Schulmeister, S.: Mitten in der großen Krise. Ein »New Deal« für Europa. Wien 2010.

130. Seidl, I., Zahrnt, A.: Postwachstumsgesellschaft – Konzepte für die Zukunft. Marburg 2010.

131. Sen, A.: Ökonomie für den Menschen. Wege zu Gerechtigkeit und Solidarität in der Marktwirtschaft. München u.a.1999.

132. Sen, A.: Die Identitätsfalle – Warum es keinen Krieg der Kulturen gibt. München 2007.

133. Sen, A.: Die Idee der Gerechtigkeit, München 2011.

134. Shapiro, J., Witney, N.: Towards a Post-American Europe: A power audit of EU-US relations. www.ecfr.eu (November 2009)

135. Shiva, V.: Towards a Global Marshall Plan for Planetary Survival. In: Towards a World in Balance. Hamburg 2006.

136. Singh, M.: Die Welt braucht eine neue Idee. www.taz.de (16.12.2010)

137. Sippel, M., Neuhoff, K.: A history of conditionality: Lessons for international cooperation on climate policy. Institute of Energy Economics and the Rational Use of Energy, University of Stuttgart. In: Climate Policy 9 (2009).

138. Solte, D.: Weltfinanzsystem am Limit – Einblicke in den »Heiligen Gral« der Globalisierung. Berlin 2009.

139. Solte, D.: Weltfinanzsystem in Balance – Ausgewählte Handlungsoptionen zur Reaktion auf die Krise. Berlin 2009.

140. Solte, D., Eichhorn, W.: Das Kartenhaus Weltfinanzsystem – Rückblick – Analyse –Ausblick. Frankfurt a.M.2009.

141. Soros, G.: Die Krise des globalen Kapitalismus. Offene Gesellschaft in Gefahr. Berlin 1998.

142. Soros, G.: The new paradigms for financial markets. The credit crisis of 2008 and what it means. New York 2008.

143. Spiegel, P.: Faktor Mensch – Ein humanes Weltwirtschaftswunder ist möglich. Ein Report an die Global Marshall Plan Initiative. Stuttgart 2005.

144. Spiegel, P.: Muhammad Yunus – Banker der Armen. Sein Leben. Seine Vision. Seine Wirkung. Freiburg 2006.

145. Stern, N.: Stern Review on the Economics of Climate Change. London 2006.

146. Stiglitz, J. E.: Die Chancen der Globalisierung. München 2006.

147. Stiglitz, J. E., Charlton, A.: Fair Trade – Agenda für einen fairen Welthandel. Hamburg 2006.

148. Stiglitz, J. E.: BIP-Fetischismus. www.project-syndicate.org

149. Stiglitz, J. E., Sen, M. Fitoussi, J.-P.: Report by the Commission on the Measurement of Economic Performance and Social Progress 2010. Stiglitz Commission. www.stiglitz-sen-fitoussi.fr

150. Töpfer, K.: Globale Umweltpartnerschaft für Frieden und Entwicklung. Stiftung Entwicklung und Frieden (Hrsg.). Bonn 1992.

151. Töpfer, K.: Umwelt- und Naturschutz am Ende des 20. Jahrhunderts – Perspektiven aus politischer Sicht. In: Erdmann, K.-H. & Kastenholz, H. G.: Umwelt- und Naturschutz am Ende des 20. Jahrhunderts – Probleme, Aufgaben und Lösungen. Berlin 1995.

152. Töpfer, K.: Sustainable Development im Spannungsfeld von internationaler Herausforderung und nationalen Handlungsmöglichkeiten. In: Steinmann, H. und Wagner, G. R. (Hrsg.): Umwelt und Wirtschaftsethik. Stuttgart 1998.

153. Töpfer, K., Bauer, F.: Arche in Aufruhr. Was wir tun müssen, um die Erde zu retten. Frankfurt a.M. 2007.

154. Transparency International. Jahrbuch Korruption 2005. Berlin 2006.
155. Tsoukalis, L., Cramme, O., Liddle, R.: An EU »fit for purpose« in the global age – can we rise to the challenge? www.policy-network.net (2009)
156. United Nations Economic Commission for Europe: Measuring Sustainable Development. Prepared in cooperation with the Organisation for Economic Cooperation and Development and the Statistical Office of the European Communities (Eurostat). New York and Geneva 2009.
157. van Dieren, W.: Mit der Natur rechnen. Der neue Club-of-Rome-Bericht: vom Bruttosozialprodukt zum Ökosozialprodukt. Basel u.a. 1995.
158. van Dijk, A.J.M., Pestel, R. Radermacher, F.J.: European Way into the Global Information Society.In: IPTS-Journal 32 (1999) (www.jrc.es/iptsreport)
159. von Weizsäcker, C. F.: Wege in der Gefahr – Eine Studie für Wirtschaft, Gesellschaft und Kriegsverhütung. München 1982.
160. von Weizsäcker, C. F.: Zeit und Wissen. München 1992.
161. von Weizsäcker, E. U.: Limits to Privatisation: How to avoid too much of a good thing – A Report to the Club of Rome. London 2005.
162. von Weizsäcker, E. U, Hargroves, K., Smith, M. H., Desha, C. und Stasinopoulos, P.: Factor Five: Transforming the Global Economy through 80 % Improvements in Resource Productivity. Earthscan 2009.
163. von Weizsäcker, E.U., Lovins, A. B., Lovins, L. H.: Faktor Vier: doppelter Wohlstand, halbierter Naturverbrauch. München 1995.
164. Weiger, H.: Zur Diskussion gestellt: Ökologisches Umweltkonzept. In: Blätter für Natur und Umweltschutz (jetzt: Natur und Umwelt) 55 (1975), S. 39–41.
165. Weiger, H.: Landwirtschaft und Naturschutz. Situation – Defizite – Strategien. In: Forstwirtschaftliches Centralblatt 109 (1990), S. 358–377.
166. Weltagrarbericht: Wege aus der Hungerkrise – Die Erkenntnisse des Weltagrarberichts und seine Vorschläge für eine Landwirtschaft von morgen. www.weltagrarbericht.de
167. Wicke, L., Spiegel, P., Wicke-Thüs, I.: Kyoto Plus. München 2006.
168. Wilkinson, R., Pickett, K.: Spirit Level – Why Equality is Better for Everyone. London 2009/2010.

169. Wohlmeyer, H.: Globales Schafe Scheren – Gegen die Politik des Niedergangs. Wien 2006.

170. World Culture Forum (Hrsg.): Dresden Manifest. Zehn Wünsche und Forderungen an die Regierungschefs der G20. www.wcf-dresden.com (10.10.2009)

171. Wuppertal Institut für Umwelt, Klima, Energie (Hrsg.): Fair Future – Begrenzte Ressourcen und globale Gerechtigkeit. München 2005.

172. Yunus, M.: Grameen – eine Bank für die Armen der Welt. Köln 2001.

173. Yunus, M.: Die Armut besiegen. Das Programm des Friedensnobel-preisträgers. München 2008.

174. Yunus, M.: Creating a world without poverty: Social business and the future of capitalism. New York 2009.

175. Zentralkomitee der deutschen Katholiken (Hrsg.): ZdK-Erklärung. Globalisierung gerecht gestalten – Die Ernährungskrise in den Fokus der Krisenbekämpfung stellen. Vollversammlung des ZdK am 19./20. November 2010. www.zdk.de

176. Ziegler, J.: Das Imperium der Schande – Der Kampf gegen die Armut und Unterdrückung. München 2007.

Weitere Informationen unter: www.faw-neu-ulm.de, www.senat-der-wirtschaft. de, www.oesf.de, www.oekosozial.at oder www.globalmarshallplan.org. Unter der letztgenannten Adresse kann kostenlos der wöchentliche Newsletter der Global Marshall Plan Initiative abonniert werden. Es können dort auch Bü-cher bestellt werden.

Die Autoren

Prof. Dr. Dr. F. J. Radermacher

ist Vorstand des Forschungsinstituts für anwendungsorientierte Wissensverarbeitung/n (FAW/n) und Professor für Informatik an der Universität Ulm. Er ist Präsident des Global Economic Network, Vizepräsident des Ökosozialen Forums Europa und Präsident des Senats der Wirtschaft e. V. Darüber hinaus ist F. J. Radermacher Mitglied im Club of Rome.

Dipl.-Ing. Dr. h.c. Josef Riegler

ist Ehrenpräsident des Ökosozialen Forums Europa. Er war Bundesminister für Land- und Forstwirtschaft und Vizekanzler der Republik Österreich. Josef Riegler hat das Konzept der Ökosozialen Marktwirtschaft wesentlich geprägt und im politischen Raum Österreichs und Europas etabliert. Er ist Mitbegründer der Global Marshall Plan Initiative.

© Julia Puder

Prof. Dr. Hubert Weiger

ist Ökologe, Natur- und Umweltschützer sowie Fachmann für Agrarfragen und forstwirtschaftliche Themen. Er ist Honorarprofessor der Universität Kassel und Lehrbeauftragter an der TU München. Seit Jahrzehnten ist er in der Naturschutzbewegung aktiv, seit 2007 auch als 1. Vorsitzender des Bund für Umwelt und Naturschutz Deutschland e. V. (BUND).

© foto-schulzendorff.de

Prof. Dr. Dr. h.c. mult. Klaus Töpfer

ist Gründungsdirektor des Instituts für Klimawandel, Erdsystem und Nachhaltigkeit (IASS) in Potsdam. Von 1998 bis 2006 war Klaus Töpfer UNEP-Exekutivdirektor und hat in dieser Rolle die weltweite Nachhaltigkeitsdiskussion wesentlich mitgeprägt. Davor war er deutscher Umwelt- und Verkehrsminister sowie Bundesminister für Raumordnung, Bauwesen und Städtebau sowie 1990 bis 1998 Mitglied des Deutschen Bundestages.

Was kann jeder Einzelne tun?

30 Anregungen

Wählen Sie zwei bis drei Möglichkeiten aus, die zu Ihnen passen, üben Sie regelmäßig, notieren Sie mit Ort und Datum jede Aktion und, wenn die ausgewählten Aktionen zur Routine geworden sind, fügen Sie eventuell ein paar weitere Punkte hinzu.

Wenn viele kleine Leute viele kleine Dinge tun, verändert das die Welt.
(Afrik. Sprichwort)

(1) Mehr globale Empathie entwickeln.

(2) Sachbücher zu den Themen Globalisierung, Nachhaltigkeit und Zukunft lesen.

(3) Weniger Fleisch und Fisch essen.

(4) Als Konsument klug und weltgemeinwohlorientiert agieren.

(5) Öfter einmal Urlaub in der Nähe machen.

(6) Das Auto ab und an stehen lassen; Tempo beim Autofahren immer wieder einmal mäßigen.

(7) In Beruf und Unternehmen eine konsequente ökosoziale CSR[1]-Orientierung einfordern.

(8) Mehrere Nichtregierungsorganisationen in vielfältiger Weise unterstützen.

---

1   Unternehmensorientierung / Corporate Social Responsibility

(9) Zeit in gemeinwohlorientierte Tätigkeiten und ehrenamtliche Aufgaben investieren.

(10) Vor Ort oder weltweit eine Coach- oder Mentor-Rolle für andere übernehmen.

(11) Für Geldanleger: In ethisch ausgerichtete Fonds, Unternehmen oder Produkte investieren.

(12) Zu Stichtagen das Münzgeld im Portemonnaie für einen guten Zweck einsetzen.

(13) Newsletter einschlägiger Organisationen abonnieren.[2]

(14) Den Bücherdienst der Global Marshall Plan Initiative abonnieren.

(15) Bäume pflanzen; Kinder und Organisationen unterstützen, die Bäume pflanzen.

(16) Für ein forciertes Weltaufforstungsprogramm (5 Mio. km^2) eintreten.

(17) Das Licht ausschalten, wenn niemand im Raum ist.

(18) Überall auf einen sparsamen Gebrauch von Strom, Öl, Gas und Wasser achten.

(19) Handtücher und Wäsche in Hotels mehrfach benutzen.

(20) Persönliche Reisen und energieintensive Aktivitäten klimaneutral stellen.

(21) Sich öffentlich für mehr internationale Entwicklungszusammenarbeit aussprechen.

(22) »Spenden statt Geldgeschenke« als Prinzip für Feste und Events propagieren.

(23) Immer wieder einmal weniger auf den eigenen Vorteil bedacht sein.

(24) Die Beiträge anderer würdigen und fair dafür bezahlen.

(25) Für die Sinnhaftigkeit von Eigenverantwortung, Leistung und Markt argumentieren.

(26) Für Besteuerung nach Leistungsfähigkeit argumentieren.

---

2   zum Beispiel (kostenfreie) Newsletter des FAW/n, Ulm (www.faw-neu-ulm.de), des Öko-sozialen Forums Europa (www.oekosozial.at), des Genisis-Instituts, Berlin (www.genisis-institute.org) und der Global Marshall Plan Initiative (www.globalmarshallplan.org).

(27) Die Besteuerung aller Finanzmarkttransaktionen (zum Beispiel mit 0,01 Prozent) fordern.

(28) Argumentieren, dass die Nichtentrichtung von Steuern Diebstahl ist.

(29) Die Einhegung von Steuerparadiesen fordern.

(30) Sich gegen den Begriff Umverteilung in Verbindung mit Besteuerung wehren.

Abbildungsverzeichnis